问题即答案

［美］
赫尔·葛瑞格森
(Hal Gregersen)
著

魏 平
译

QUESTIONS
ARE
THE
ANSWER

A Breakthrough Approach
to Your Most
Vexing Problems at Work and in Life

图书在版编目（CIP）数据

问题即答案 /（美）赫尔·葛瑞格森著；魏平译 . -- 北京：中信出版社，2022.4
书名原文：Questions Are the Answer: A Breakthrough Approach to Your Most Vexing Problems at Work and in Life
ISBN 978-7-5217-4035-6

I. ①问… II. ①赫… ②魏… III. ①企业管理 IV. ① F272

中国版本图书馆 CIP 数据核字（2022）第 044428 号

Questions Are the Answer:
A Breakthrough Approach to Your Most Vexing Problems at Work and in Life
Copyright © 2018 by Hal Gregersen
Published by arrangement with HaperBusiness, an imprint of HarperCollins Publishers
Simplified Chinese translation copyright © 2022 by CITIC Press Corporation
ALL RIGHTS RESERVED
本书仅限中国大陆地区发行销售

问题即答案

著者：　　[美]赫尔·葛瑞格森
译者：　　魏 平
出版发行：中信出版集团股份有限公司
（北京市朝阳区惠新东街甲 4 号富盛大厦 2 座　邮编　100029）
承印者：　山东新华印务有限公司

开本：880mm×1230mm 1/32　印张：10.25　字数：230 千字
版次：2022 年 4 月第 1 版　　　印次：2022 年 4 月第 1 次印刷
京权图字：01-2020-0462　　　　书号：ISBN 978-7-5217-4035-6
定价：69.00 元

版权所有·侵权必究
如有印刷、装订问题，本公司负责调换。
服务热线：400-600-8099
投稿邮箱：author@citicpub.com

谨以此书

献给

苏济（Suzi）

目 录

推荐序 创新与提问 / 艾德·卡特姆 / V
前　言 我为什么要写这本书 / XI

第 1 章　什么是比找到新答案更艰难的任务

每一项突破的背后都有一个更好的问题 / 004
关注提问能力大有裨益 / 007
并非所有问题都是优质问题 / 010
优质问题可以消除错误假设 / 012
优质问题鼓舞人心、激发活力 / 015
超越"回答问题"阶段 / 018
在僵局中陷得越深，越需要提问 / 020
是时候改善提问水平了 / 022

第 2 章　是什么阻止了我们提问

学会不提问 / 027
被权力腐化的提问过程 / 031
成长思维的缺失 / 037
为提问创造新空间 / 040
提问中的文化差异 / 042
开辟提问绿洲 / 045

第 3 章 "问题风暴"的效果如何

环境的影响 / 053

如何开展"问题风暴":一场小规模重置 / 058

"问题风暴"前后的情绪 / 065

新观点 / 067

其他适宜环境 / 069

超越提问 / 075

安全的"不安全空间" / 079

为自己和他人创造有利条件 / 083

"问题风暴"在工作和生活中的应用 / 085

第 4 章 谁会为错误欢呼雀跃

在错误阶段停留一会儿 / 092

更新你的思维模式 / 095

尝试多犯错 / 100

重新审视你确信无疑的事情 / 106

系统性策略 / 110

问题的起源 / 113

第 5 章 为什么要自寻不快

主动寻求不适感 / 119

走出舒适区的好处:惊奇、分心和冲突 / 123

几个训练方法 / 135

可怕的安乐椅 / 141

第 6 章　你能否缄口不言

　　从广播模式切换到接收模式　/ 148

　　好好倾听　/ 150

　　给自己装上消音器　/ 152

　　做好迎接惊喜的准备　/ 155

　　亲和力　/ 158

　　积极寻求被动信息　/ 159

　　给自己留出安静的思考时间　/ 161

　　每天阅读，深入阅读　/ 162

　　清理你的头脑和心灵　/ 164

　　沉默的声音　/ 165

第 7 章　如何引导能量

　　问题的升级　/ 172

　　问题的展开　/ 176

　　管理情绪曲线　/ 181

　　伟大导师的工作　/ 185

　　积累你的提问资本　/ 187

　　学会讲故事　/ 190

第 8 章　如何培养下一代提问者

　　学校中的提问教育　/ 199

　　课外活动　/ 207

　　学校外的提问教育　/ 214

数字世界是提问的天堂还是地狱 /216

提问从家庭开始 /220

学校所面临的挑战 /224

为时不晚 /227

期待不同的问题 /233

第 9 章 聚焦最宏大的问题

提出强有力的问题 /240

学习与问题共存 /243

从大局出发 /246

X 大奖与媒体实验室 /249

提出宏大的社会问题 /255

宏大意味着基本 /258

后 记 你会向自己提出什么问题 /263

致 谢 /277

注 释 /287

推荐序

创新与提问

艾德·卡特姆（Ed Catmull）
皮克斯和迪士尼动画工作室总裁

虽然我经常反思自己的工作，但是我最近去麻省理工学院拜访赫尔·葛瑞格森的时候，他提到了一件我从来没有意识到的事情。事实上，赫尔的办公室中有一本我讲述皮克斯公司运作方式的书：《创新公司》。这本书的书脊已经被翻得裂开了，而且书里布满了密密麻麻的笔记和下画线，简直要散架了。

"你在那本书中总是不断地提问题，"赫尔告诉我，"问题贯穿始终。"拓展到公司维度，他根据自己对我们公司各个部门员工的采访总结说，我们都非常善于对彼此提出"催化性问题"。

他说："受过训练的你们似乎有这种本能或习惯，在做事的时候总是以'我不知道我需要知道的信息'为前提。然后，你们再想方设法使这些信息清晰地浮现出来。"

我立刻明白了他的意思。在皮克斯公司，我们多年来已经形成了几种方法，我甚至可以称之为制度，来推动我们自己、我们的故事和电影制作进入新的创新领域。比如，我们的导演都知道，当感觉项目遇到瓶颈或者需要他人的意见时，他们便应该组织同行参与"智囊团"来挑战他们的思维。这并不是随意的、松散的聚会。"智囊团"的会议遵循特定的程序，有一系列不断改进的规范，以期帮助导演发现新的创新可能，但不会剥夺他的主导权。在与迪士尼公司合并时，我们发现可以把这一在皮克斯公司非常成功的操作推广到那里，后来便有了迪士尼动画世界的"故事智囊团"。

在我看来，采取类似措施推动创意合作是我在皮克斯和迪士尼所能做的最重要的工作。（也许对任何一个需要不断创新的组织的领导者来说都是如此。）一切都取决于我们的创意产品的质量，而这又离不开同事们出于共同追求卓越的精神而给出的直言不讳的反馈。创造这些条件并不简单，但也许最值得我们精心思考的是如何营造安全的氛围，使得大家都能畅所欲言，提出自己的问题和解决方案。

也许不言而喻的是，要想拥有这种安全感，大家聚焦的应该是问题以及解决问题的需要，而不是那些尚未解决问题的人或者主动提供建议的人。但是，即使大家的关注点全都聚焦在问题

（比如，如何使这个角色更具感染力）上，任何对现有工作的建设性反馈或评论都暗示了对其现有状态的不满或排斥。这是极其伤人的，因为创意工作者很难把自我价值与大家对其解决问题的能力的评价分开来看。

生活在社会环境中的人们经常感觉需要证明自己，这正是我们所面临的挑战。他们不想暴露自己不完美的想法，因为担心会引起他人严厉的评判。事实上，这种情况的确存在，不是吗？如果有人在你面前说了蠢话，那么你通常会注意到他；如果是你说了蠢话，那么你也许会感觉到他人的鄙夷。如果你总关注自己是不是显得傻气或毫无贡献，或者你总想尽可能展示自己的才能，那么你就是真的没有关注需要解决的问题。

因此，对需要监管一个团队工作的领导者来说，最重要的就是找出办法，消除人们这种担心因为发声而被鄙视的风险。大家应该如何营造理想的环境，使得同事们积极评判某个想法，而不是去评判提出这个想法的人？怎样才能避免不成熟的想法累及提出该想法的人？从逻辑上讲，只有这样，所有的想法才会得到公正的评判，但是从情感上讲，这有悖于我们的直觉。大多数人都很难把自我价值与别人对自己想法的评价分开来看。

赫尔就是在这样的基础上评价我的同事们的提问技巧的。直觉告诉我，我们也许的确倾向于提出他所谓的"催化性问题"：通过挑战既有思维打破壁垒，从而产生新的能量，然后踏上新征程的问题。如果事实的确如此，部分原因也许在于提问能够有效地引入新思路，而且不会导致别人对你评头论足。提问毕竟不是宣告观点，不会引发冲突，它只是建议人们换个角度深入思考。如果这个角度不可行，提出建议的人也不会因此遭受名誉上的损失。因此，大家对于提问并不会畏首畏尾。

有人拿着一面镜子对着你和你的组织，帮助你意识到自己从未想到过的事情，这真是有趣。我认为，关于提问在皮克斯员工创意合作中起到的作用，赫尔的判断是合理的，现在我开始更加有意识地关注这一要素。

提到问题在创意合作工作中的力量，我还想再谈一点。同事们都知道，我从来都不喜欢宣示组织使命。这并不是因为我不赞成集体使命感，只要人们在正式的组织中一起工作，他们就应该深入思考工作的意义。但是根据我的经验，顶层管理团队宣布组织使命往往会终结讨论，阻碍大家进行深入思考。

我现在更加明确自己抗拒宣示使命的原因了：它们听起来很像答案。我想我们最好提出关于使命的问题，或者至少描述模糊的使命，使得人们不得不积极地思考："我们的使命到底是什么？"

如果认为自己的工作就在于得出明智的答案，那么我们经常容易把答案误认为工作的结束。我们因为自己无须进一步探讨而欢呼雀跃，但生活并非如此。的确，我们经常努力呈现自己的最终作品，比如皮克斯公司发布一部电影，波音公司推出新的喷气发动机，一位教授写完一本著作。这的确是个重要的终点。但是对许多人来说，这一终点变成了目标。

如果我们不这样想，而是珍视那些带给我们新的、更好的问题的答案，那又会如何？换个说法，如果我们不把问题看作解锁答案的钥匙，而是把答案看作新问题产生的基础，又会如何？这一洞见显然颇具标新立异之感，可以大力推动团队的创新发展。

在阅读这本书时，我希望大家能和我有同样的收获：促使自己思考，更加有意识地应用问题会对解决眼前面临的挑战产生何种帮助。以我为例，很久以来，我一直都知道自己的责任是为大家营造能够畅所欲言的氛围。也许你努力解决的事情与管理组织无关，而是一些关于家庭事务、个人目标或社区的问题。但无论你的目标是什么，你也许都可以像我一样，乐于看到自己在这一问题上的既有思维受到有益的挑战，那么也许你就会发现：问题即答案。

前　言

我为什么要写这本书

"问题"（question）中包含一个非常美妙的词："探索"（quest）。

我太喜欢这个词了。

——埃利·威塞尔（Elie Wiesel）
1986 年诺贝尔和平奖得主

有些人常常感觉一些真相事关重大，自己应该对此下笔千言，读者们也应该静心了解，而大部分读者浑浑噩噩，对这些真相的重要性一无所知。因此作者们不吐不快，只能著书立说。下面就是我发现的真相：第一，如果想在工作和生活中寻求更好的答案，你必须提出更好的问题；第二，如果想提出更好的问题，你不需要寄希望于运气或机遇，而是可以积极创造出孕育问题的沃土；第三，提出伟大问题的人并非天赋异禀，人人都可以提出好问题，这种能力越磨炼越精进。

也许有人会问，我为何如此言之凿凿？最有说服力的回答就是，我做过相关研究。我阅读过相关的研究文献，形成了自己的假设，并且采访了数以百计的创新者，从实例中验证了自己的假设。粗略估计，迄今为止我细细梳理了长达260万字的采访文字稿，从那些精彩纷呈却有时令人心生敬畏的访谈中发现了一些主题和模式。作为一名学者，我致力于这种严谨的治学方式。但与此同时，我也深入了解了一些真相，这些真相是我无法通过标准的研究程序发现的。

过去30年中，我曾任教于三大洲不同的大学，现在就职于一个特殊的地方，它鼓励人们挑战旧思维，打破极限，创造无限的可能。麻省理工学院的校园正是一个不断产生"问题"的地方。正如我的同事罗闻全（Andrew Lo）所说："麻省理工学院是创新的安全区。我知道这听起来似乎有些自相矛盾，因为创新意味着冒险。但这里是个非常健康且不同寻常的地方，学生可以毫无顾虑地质疑权威，提出仿佛是天方夜谭的新思路。"在这样的环境中工作，让人感到精力充沛、活力四射。但它也在不断提醒我们，许多人是无缘这种优渥环境的。

我们大部分人生活或工作的环境并不鼓励提问。我们甚至不怎么重视问题，不怎么思索更多更好的问题如何帮助我们解锁全新的答案。我们童年时并不缺少创造力和好奇心，但在成长的过程中，这些宝贵的东西慢慢消失了。我便是如此。我成长在一个不鼓励提问的家庭，问一些答案貌似显而易见的问题被看作一种赤裸裸的反抗。与此同时，我很早就发现某些类型的问题可以成为我的挡箭牌，至少可以把人们的注意力转移到对我来说更安全的话题上。我模模糊糊地意识到，一些问题比其他问题更有力量。

读研究生时，我师从邦纳·里奇（Bonner Ritchie），他特别善于提出刁钻的问题，最大限度地激发他人的思考。我选择他作为导师，正是因为他的这一特点。在所有老师中，他带给我的教益最为深远。他努力用各式各样的问题打开了我的思维与心灵之门。如果稍加留意我们就会发现，我们中的许多人都有这样的导师和朋友。

在过去几十年中，不管是作为学者还是作为顾问，我关注的焦点都是企业创新，研究提出新问题在新兴企业和成熟行业的大企业中的作用。25年前，我第一次和克莱顿·克里斯坦森（因颠覆性创新理论而成名的哈佛大学商学院教授）谈话，谈话聚焦于是什么促使人们提出正确的问题，我们之后的合作更是加深了我对问题在突破中的作用的理解。我们都从彼得·德鲁克的著作中汲取了灵感，这位大师在50多年前就明白改变提问方式的威力。他在书中写道："最重要且最困难的工作并不是找到正确答案，而是发现正确的问题。因为再也没有比错误问题的正确答案更一无是处的了，这一答案甚至有可能是危险的。"在我和克莱顿以及杰夫·戴尔（Jeff Dyer）共同提出的组成"创新者基因"的5种行为中，第一种便是提问的习惯。

我们采访过的许多创新型企业家都能够清晰地记得他们在产生创立新企业的灵感时提出的问题。比如，迈克尔·戴尔

（Michael Dell）告诉我们，他成立戴尔公司的想法源于这样一种疑惑：为何电脑的价格是其全部配件价格的5倍？"如果把电脑拆开……你就会发现里面的配件价值600美元，电脑的价格却是3 000美元。"心存"为何电脑价格如此之高"的不解，他提出的商业模式使得戴尔公司迅速成为行业的中坚力量。我们从其他受访者那里也得知了他们长久以来喜欢挑战既有想法和传统的习惯。"我的学习过程就是与他人意见相左，然后迫使他们竭力证明自己，"易贝（eBay）的创始人皮埃尔·奥米迪亚（Pierre Omidyar）告诉我们，"我记得这让其他孩子非常抓狂。"创新型企业家喜欢考虑其他可能性，向自己、别人发问，思考当今一些被大家广为接受的理念是否本不该如此，这也许正是训练催化性原创思维的最佳方式。

许多年来，我逐渐意识到，改变提出的问题不仅仅有利于企业创新和组织变革。问题有一种奇异的力量，可以帮助我们解锁生活方方面面的新洞见和积极的行为变化。无论大家遇到什么难题，它们都可以指出新的发展方向，使人们走出困境。无论在何种环境中，被重塑的问题都会呈现出一些基本属性。首先是矛盾性，问题被刚刚提出的时候似乎显得出人意料，但是我们在回顾时会觉得它理所当然。也就是说，它们看似偶然，实属必然。其次是开拓性，问题为人们的最佳思维活动开拓了新空间。它们不会要求大家现场回答出正确且通常是预设好的答案，而是邀请大家探索发人深省的新思路，为解决自己关心的问题带来新希望。我经常用"催化性"这个词来描述这些问题，因为它们就像化学反应中的催化剂一样，能打破思维壁垒，把能量引上更加富有成效的道路。

从个人维度来讲，我也总是发现不断提出正确的问题是多么关键，否则后果将会多么严重。比如2014年1月，我在演讲时突发心脏病。后来我不得不痛苦地接受了这样一个事实：出于种种原因，我一直想当然地认为自己的健康状况不错，这差点儿要了我的命。一年后的2015年春天，我有幸和我的朋友，著名登山家、探险团队领袖、电影摄影师戴维·布雷希尔斯（David Breshears）一起攀登昆布冰川，他还参与导演拍摄过巨幕电影《绝命海拔》。我们是在拟定了一项自以为绝妙的领导力研究课题之后决定开始这次探险的。每年都有大批团队尝试登顶，这就形成了一个相当可控的试验：每个团队都使用类似的装备，路线也大体一致。但是有些团队成功了，有些没有，关键区别是否在于团队领导以及他们的体系？但是，在策划这次旅行时，我忽略了一个相当根本的问题：一直生活在海平面高度的我在海拔18 000英尺①以上是否还有希望做到富有成效？

更为糟糕的是，我后来发现，连自己的研究方法中也暗含着我没有质疑的假设。多年来，戴维·布雷希尔斯在攀登珠穆朗玛峰时目睹过许多团队的失败，甚至悲剧。1996年夺去8条生命的惨剧发生时，他就在那里，这一事件后来被记录在乔恩·克拉考尔（Jon Krakauer）1997年出版的《走进空气稀薄地带》（*Into Thin Air*）一书中。在听他讲故事时，我总是以领导力学者的身

---

① 1英尺=0.304 8米。——编辑注

份进行消化,理性地形成假设,比如关于决策的认知倾向的假设。在从卢卡拉到大本营艰难跋涉的过程中,我意识到,在MBA(工商管理硕士)教室谈论罗伯·霍尔(Rob Hall)在"安全期"已过之时试图带一名掉队客户登顶这一致命性选择是一回事,而身处呼吸和清晰思考都很困难的高海拔地区又是另一回事。我这才意识到,自己原本以为已经拥有了足够的信息进行判断,简直是大错特错。

▶ 图前-1

珠穆朗玛峰(右二高峰)的日出,拍摄于攀登卡拉帕塔山(18 519英尺)的疲惫途中

▶ 图前-2

我和夏尔巴人安·普拉在昆布冰川停留,背后是雄壮的普莫里峰(23 494英尺)。戴维·布雷希尔斯拍摄

▶ 图前-3

我一步步登上了昆布冰川，安·普拉一直伴随我左右。戴维·布雷希尔斯拍摄

▶ 图前-4

昆布冰川之上的美好瞬间，珠峰大本营（17 598英尺）已经在我们脚下（右为安·普拉）。戴维·布雷希尔斯拍摄

如果你拿起本书的时候期待看到的是一本商业书籍，那么你就要做好准备，迎接一种略有不同的叙事方式了。也许大家已经意识到了这一点。我非常热衷于研究组织中的领导力和创新问题，这本书的许多采访对象也都是最具创意的公司和社会企业的首席执行官和其他高管。但是与他们交谈时，我的着眼点是他们的整个人生，而不仅仅是显赫的工作职位。更好的答案来自更好的问题——我所发现的真相并非仅仅适用于生活的某一方面。

回顾一下你自己的生活，想想那些正确的问题为困扰你已久的事情找到新的解决方案的时刻吧。我的核心问题就是，这一时刻，你自己和周围环境的关系处于哪种状态（或者何种力量起了作用）？某种特定环境是否帮助你塑造或者阻碍你提出最佳的问题？这本书汇集了几百位创意人士的集体智慧。我希望大家也能够更好地理解问题的催化作用，思考自己应该如何更好地发现问题、提出问题。

最后，我是以第一人称写作本书的。你如果读过梭罗的《瓦尔登湖》，大概会记得他在第一页就曾为此而道歉。"许多书避而不用所谓第一人称的'我'字；这本书是用的……"他如此告知读者，"其实，无论什么书都是第一人称在发言，我们却常把这点忘掉了。如果我的知人之深，比得上我的自知之明，我就不会畅谈自我，谈那么多了……"他接下来把温和的辩解延伸到对他人的要求上："但是，我对于每一个作家，都不仅仅要求他写他听来的别人的生活，还要求他迟早能简单而诚恳地写出自己的生活……"他希望所有作家都"写得好像是他从远方寄给亲人似的"。[①]

我一直珍视许多书籍传达出的真实声音，比如以下关于问题的伟大作品：帕克·帕尔默（Parker Palmer）的《让生活发声》（*Let Your Life Speak*）和《隐藏的整体》（*A Hidden Wholeness*）、特怀拉·萨普（Twyla Tharp）的《创意习惯》（*Creative Habit*）、

[①] 《瓦尔登湖》译文出自上海译文出版社2009年版，徐迟译。——译者注

维克多·弗兰克尔（Victor Frankl）的《活出生命的意义》(*Man's Search for Meaning*)、玛丽·凯瑟琳·贝特森（Mary Catherine Bateson）的《视野》(*Peripheral Vision*)、约翰·斯坦贝克（John Steinbeck）的《伊甸之东》(*East of Eden*) 以及唐纳德·米勒（Donald Miller）的《千里迢迢》(*A Million Miles in a Thousand Years*)。（最后一位作者的生活被拍成电影，这也促使他反思自己的生活，提出更好的问题。）毕加索曾经说过："看待事物只有一种方式，直到有人告诉我们用不同的眼光去看待它们。"所有这些作家都向我展示了看待事物的不同眼光，这种影响永远改变了我。

在后面的章节中，我不想传达"专家声音"，而是希望成为那个挣扎在生活方方面面的困境中并通过提出刁钻问题使自己的手、脑和心踏上新征程，最终成功走出困境的"亲人"。

彼得·德鲁克

最重要且最困难的工作并不是找到正确答案，而是发现正确的问题。

埃隆·马斯克

在很多情况下，提出问题比找到答案更难。如果你能提出正确的问题，那么答案自然而然就出现了。

问题可以决定答案的框架，改变了问题就会大大改变答案产出的范围。

QUESTIONS ARE THE

第1章 什么是比找到新答案更艰难的任务

ANSWER

2017年6月,上海,第一批参观者到达刚刚开幕的活动现场后,便迅速沉浸在从未有过的体验之中。首先,他们坐下聆听了一场音乐与诗歌交融的音乐会。然后,他们走过一些具有典型小镇特征的模拟场景:可以泛舟池塘的公园,带有儿童游乐场的室外集市,坐满了闲聊的老主顾的咖啡馆等。这并没有什么特别的,对吧?这个活动的亮点在这里:所有体验都是在一片漆黑中进行的。人们跌跌撞撞,笑声不断却又手足无措。如果没有专业、敏捷的导游的帮助,没有人可以应对这一切。但是,这些导游都是——盲人。

这就是"黑暗中的对话"活动,最早由安德烈亚什·海内克(Andreas Heinecke)于1989年在德国法兰克福推出。时至今日,他的公益事业遍布十几个国家,为盲人提供就业机会,帮助大众了解盲人的生活。数以百万计的参观者体验了这一活动,许多人的生活也因此而改变。

其实这一切都源于一个问题,一个被重新塑造的问题。大约

30年前，海内克就职于一家电台，当时的主管告诉他，一位老员工很快将回归团队。这位老员工在遭遇了严重车祸后变成了盲人，但仍想继续工作。海内克的任务便是帮助他顺利回归。这项任务颇具挑战性，因为海内克毫无经验，但他立即开始思考盲人可以基本胜任哪些工作。然而，与同事熟悉起来之后，他才意识到自己的问题太过肤浅，于是转而考虑：何种工作环境才能有利于盲人最大限度地施展自己的才能？"黑暗中的对话"由此成形，并发展为他追求终身的事业。

本书想要论证的是，这正是无数进步的起点。重新塑造问题可以起到催化作用，可以消除思维壁垒、打破固有模式、引导创新活力走向更具成效的道路。陷入僵局的人们因此茅塞顿开，并积极投入对新的可能性的探索中。

接下来的章节将探讨工作和生活中不同的行动模式。找到更好答案的关键会不会是提出更好的问题？如何提出更好的问题？各行各业创新人士的实际行动告诉我们，营造重视解决问题的新视角的环境是可以实现的，养成在急匆匆地得出新答案之前认真思考问题的习惯也是可以实现的。但是在探索这些新方法之前，本章仍有任务尚未完成：我需要使大家明白这项工作是值得花费时间和精力的。大家首先需要理解提问的力量，避免掉进仅仅追求解决老问题的陷阱中。

每一项突破的背后都有一个更好的问题

如果追溯每一项创新突破的起源，我们很有可能会发现这是因为有人提出了新问题。多年来我一直在研究创新，这样的故事数不胜数。比如快照的兴起。1854年，柯达公司的创始人乔治·伊斯特曼（George Eastman）出生，此时，摄影技术早已问世。伊斯特曼年轻时对摄影颇感兴趣，在他24岁准备开启一次国际旅行时，他发现打包如此昂贵且复杂的摄影设备相当不容易。成像技术的发展速度和质量都在稳步提高，但是人们依然认为这是专业人士才能涉足的领域，或者最起码是既有钱又有技术的摄影爱好者才能完成的工作。伊斯特曼想，是否可以让摄影变得不那么烦琐，让普通人也可以享受它的乐趣呢？

这一问题昭示着明朗的前景，伊斯特曼迅速投入研究，也招募到不少帮手。他在27岁的时候创立了柯达公司，1888年，第一部柯达相机被投入市场。它不仅用干胶卷技术取代了原来的湿感光乳剂板，而且实现了今天所谓的"商业模式创新"。客户不再需要拥有冲洗胶卷的技术和设备，他们只要在拍完一整卷的上百张照片之后，直接把相机送回柯达公司冲洗照片即可。柯达大获成功，但是并没有因此止步。1900年，伊斯特曼和同事们推出了布朗尼（Brownie），这款廉价相机操作简单，儿童也可以使用，同时它经久耐用，士兵们甚至可以把它带到战场上。

现在，在创新者云集的麻省理工学院，我经常可以听到人们提出同样可以激发想象力并吸引其他人才前来相助的问题。比如杰夫·卡普（Jeff Karp），他是一位生物工程师，负责一家仿生学实验室。如果仿生学这个词稍显陌生，那么我最好用一个问题来解释：大自然是以何种方式解决问题的？比如，刚刚接受完手术的心脏、膀胱或者肺部的创伤面需要包扎。这时，我们可以从鼻涕虫、蜗牛和沙塔蠕虫身上学到什么呢？如果这个问题从未被人提出过，那么这也没有什么好奇怪的，但是一经提出，卡普实验室的科学家们便迅速取得了进展，推出了今天被广泛使用的产品。就像卡普所说的那样，大自然为有心人提供了"百科全书式解决方案"。"通过探索大自然获取新思路，"卡普解释说，"人们可以发现在实验室中得不到的洞见。"

有时候，提出新问题的效果是立竿见影的，新的解决方案会让人们击额顿悟，感叹答案竟然如此显而易见。[1]（我可以想象到早期的杂志业中有人提出："我们为什么不以低廉的价格向用户提供杂志，然后靠广告来创收呢？"或者最近几十年中有人提出："如果我们不再把酗酒看作道德堕落，而是一种疾病，是不是会取得更好的治疗效果？"）新的解决方案似乎就镶嵌在问题之中，只要提出问题，答案便立刻显现。在更多的情况下，找到答案是需要时间的，但是新问题的提出使得解决方案不再遥遥无期。无论是对伊斯特曼还是对卡普来说，具有催化效果的问题都使他们获得了新思路，帮他们招募到来自其他领域的专业人员，并且极大地提升了他们的工作热情。

需要注意的是，虽然我在探讨问题的力量时，常常强调它们在揭示新机遇、产生突破性思路方面的积极作用，但是我们也不能忽略这样一个事实，即它们在帮助人们应对威胁时同样威力无穷。"未知的未知"必定蕴藏着危险，意识到这一点可以帮助人们更好地认识到问题的作用。让我们想象一下，用一个2×2的矩阵来描述你对某一事物的了解情况。一条轴线代表两种可能：一种是你知道的对你的成功至关重要的事物，另一种是你不知道的对你的成功至关重要的事物。另外一条轴线则反映你在这些方面的知识储备量。你也许能够意识到，为了解决问题，你需要了解某条信息。也就是说，有些事物属于"已知的未知"。假设你是一位将军，你也许知道敌方在某处藏有一批武器，只是不确定具体地点，你意识到自己缺少了某些信息。但是，更为棘手的情况是你没有意识到自己缺少某方面的信息，你从来没有考虑过这些"未知的未知"的问题。

商业策略家也认为"未知的未知"常常导致企业破产。我们可以回到柯达公司这个经典的例子上。在柯达公司成功运营了一个世纪之后，它的产品销量因"未知的未知"而大幅下跌：大批消费者突然转向了数字摄影，而柯达公司没有意识到它应该以迅雷不及掩耳之势调整自己，以适应新形势。最近的出租车行业也是一个明证，它的"未知的未知"就是成千上万的私家车主开始利用优步和Lyft（来福车）等平台提供服务。这个问题在Yellow Cab（美国旧金山最大的出租车公司）最近5年的管理会议中出现过吗？如果答案是肯定的，那么他们就是没有严肃对待这个问题。（这家传统出租车公司在2016年1月递交了破产保护申请。）

你也许会说，人们本应该预见这些新形势的出现。没错，的确有人预见到了：那些引发巨变的创新者。但是，对那些固守传统模式的经营者来说，他们只有脱离自己的舒适区，进入自己一无所知的领域，才能获取同样的洞见。

我的论点就是，无论面对积极的机遇还是消极的威胁，反思已经提出的问题并提出更好的问题，便可以得到更好的答案。事实上，我甚至可以大胆地断言，没有更好的问题就不可能有大幅的改善。只有改变自己提出的问题，人们才可能取得长足进步。

关注提问能力大有裨益

突破性解决方案往往出自更好的问题，也就是说，你的提问能力越强，你就越有可能解锁更好的答案。说到"未知的未知"，你是否想到，有些人的提问能力就是更胜一筹，而且这种能力是可以通过学习来提高的？如果你也觉得自己或者周围的人需要提高提问能力，那么你想过应该如何改进吗？

现在，你已经接受了这一想法，肯定会留意到许多创新性人才常常提到这一理念。比如，看看对特斯拉和SpaceX创始人埃隆·马斯克的采访，你也许会因为他的这句话而陷入沉思："在很多情况下，提出问题比找到答案更难。如果你能提出正确的问题，那么答案自然而然就出现了。"[2] 读一读埃伦·兰格（Ellen Langer）的博客，你的目光可能会被这位提出"正念"概念的哈佛大学心理学家的论断所吸引："除了在电视节目《危险边缘》

和游戏《20个问题》中，我们往往更重视答案。但是，问题可以指导我们搜寻有效的信息，并直接引导我们走向答案。"[3] 浏览推特时，你也许会转发颠覆性创新理论学家克莱顿·克里斯坦森的观点："问题是答案的起源。没有问题，何来答案？"你也许还会突然发现毕加索的伟大论断展示出的对提问的敬意："计算机一无是处，它们只能提供答案。"人们对于提出高质量问题的呼吁似乎无处不在。

著名商业杂志《快公司》最近的一篇文章介绍了一位特别有创意的工程师克里斯·金泰尔（Chris Gentile）。现任iBoard（埃博）公司总裁兼首席执行官的金泰尔找到了把全息影像应用到玩具批量生产中的方法。他还推动了其他一些虚拟现实的创新，比如三维网络图像和游戏设备。记者在采访这位奇才时满怀敬畏，收获颇丰。金泰尔吐露了四大创新要点，第一点便是改变问题。下面是报道中提到的一个例子。

一些研究者曾请金泰尔帮助他们把研制的机器人推向市场。进入实验室后，大家热情地陪他走向正在模拟人类运动的挥动手臂的机器人，但是金泰尔被另外一个景象吸引了：房间另外一端的电脑屏幕上显示的流畅的机器人动作线条画。于是他问道："那是什么？"人们告诉他，那是研究者开发的用于解读并描绘动作的软件。金泰尔笑道："不要再去想机器人了！"于是，他把"如何把机器人推向市场"这一问题变成了"如何把软件推向市场"。这一想法大大提升了电子游戏和电影中的动画动作的逼真度。[4]

如此众多的研究者都在不遗余力地提醒人们提问的重要性，这是因为我们内心深处根深蒂固的想法实在难以被撼动。我们往往认为创新思想是顿悟的成果，是可遇而不可求的。我们甚至告诉自己，只有特殊的大脑，比如爱因斯坦的大脑，才会迸发出灵感之光。事实上，我们可以积极行动起来，不再被动等待、祈祷，而且我们也必须积极行动起来。

关于提高提问能力的研究由来已久，最初始于教育学界，已有几十年的历史。大家也许听说过"布鲁姆教育目标分类法"，它列出了6种不同层次的认知能力，从最基本的对知识的应用，比如对信息的辨认，到复杂的分析、综合和评价能力。这一分类是教育心理学家本杰明·布鲁姆（Benjamin Bloom）在1956年提出的，自此以后，大批教育理论家都开始探索利用更好的提问来激发更高层次的认知能力的问题。最近几十年来，其他领域的专家也投来关注的目光，并把这一能力拓展到教室之外的其他环境中。比如，我在麻省理工学院的同事埃德加·沙因（Edgar Schein）便呼吁领导者进行"低姿态探询"，他将其定义为"引导他人开口的艺术，提出你也不知道答案的问题的艺术，基于对方的好奇和兴趣建立关系的艺术"[5]。

因此，虽然现在还没有完备的体系指导人们如何提出更好的问题，但是我们已经形成了一些行之有效的想法和实践。从深层次意义上来讲，这一研究促使人们意识到提问是一种技巧、一种

第1章 什么是比找到新答案更艰难的任务

能力，人们可以通过实践来提升这种技巧和能力。了解提问的重要性，并且下决心提高自己提问的能力，会使你的生活与以前大不相同。大家可以先问问自己，我现在要做些什么，才能在工作和生活中提出更好的问题呢？

并非所有问题都是优质问题

几乎所有研究提问的专家都曾提到，并非所有问题都具有相同的效力。提高提问能力并不仅仅是向别人或者自己提出更多的问题。问题有很多种，有些颇具启示性，有些颇具指导性，而有些则贻害无穷。

布鲁姆的分类法可以帮助我们思考问题在本质上的差别，它们取决于思考者的心理过程。比如，解决问题需要复杂的认知过程，而提取记忆则不需要。罗伯特·佩特（Robert Pate）和内维尔·布雷默（Neville Bremer）提出了另外一种与之类似的分类方式，把问题分为聚合性问题和发散性问题。聚合性问题有唯一的正确答案，比如，教师在教学中提出的大部分问题都属于聚合性问题。这些"封闭性"问题，比如"夏威夷的平均气温是多少"，可以检测人们的知识或者逻辑能力。发散性问题的答案则并不唯一，比如"社会应该如何应对气候变化"等，类似的问题需要人们的创新性思维。[6]

尽管"开放"似乎优于"封闭"，"复杂认知"听起来也要比"简单认知"更加高深，但事实上这些分类方式本身并不意味着价值判断。理论学家强调，它们都有各自的价值，只是对应的目标不同。比如，如果我们的目标是通过揭示"未知的未知"来发掘创意，或者我们认为这个世界需要更多的创新人才，那么我们就在进行价值判断。这时，最好的问题就是那些能够激发想象力、促进改革的问题。

与此同时，问题的好坏还取决于提问者的出发点。比如，苹果公司的前设计总监乔纳森·艾夫（Jony Ive）过去"几乎每天"都要面对这样一个问题。艾夫注意到，乔布斯的注意力总会高度集中在那些亟需关注的项目上。一天，艾夫告诉乔布斯，他对此非常钦佩，并且承认自己在这方面有所欠缺。于是，这成了乔布斯优先要解决的问题之一。艾夫说，在他们的日常交往中，乔布斯经常问"今天你拒绝了多少次干扰"，以此来提升艾夫的专注力。[7]

这个问题本身相当高明，因为它转换了思考的角度：保持专注的重点不在于维持注意力，而在于拒绝干扰。但是，乔布斯日复一日地提出这个问题简直像是虐待。不过艾夫并没有这样的感觉，因为乔布斯是真心实意地想要帮助他。有人提出问题可能是出于关心，但同样的问题由另一个人提出就有可能是斥责。

在我看来，最优质的问题，也就是本书聚焦的问题，是具有催化作用的问题。也就是说，这种问题可以消除障碍（比如错误的假设），引导人们走向新的、更有成效的道路。接下来，让我们逐一讨论这些了不起的作用。

优质问题可以消除错误假设

有些问题可以打破禁锢人们思维的壁垒。它们会消除思维中的某些"固有模式",打开新的探索之门。我们通常称之为"重塑框架"。

致力于创意和创新研究写作的斯坦福大学教授蒂娜·齐莉格(Tina Seelig)便是"重塑框架"的大力倡导者。她提出:"所有问题都可以决定答案的框架,而改变了框架就会大大改变答案出现的大致范围。"齐莉格还引用了爱因斯坦的名句:"如果我有一个小时的时间解决一个生死攸关的问题,那么我会先花55分钟来思考如何提问。因为一旦我确定了问题,解决它只需要不到5分钟。"齐莉格提出,"重塑框架"的方式之一就是思索和你截然不同的人可能会选取的角度。孩子的解读方式是否会异于成人?当地人和外地人的视角是否会大相径庭?[8]

在谷歌的母公司 Alphabet,有一个部门叫作"登月工厂",专门为重大问题设计脑洞大开的解决方案。它有一个简洁明了的名字——X 实验室,正如项目经理菲尔·沃森(Phil Watson)所说,它致力于挑战"存在已久并困扰着整个世界的问题",新技术的发展为解决这些问题带来了契机。比如,交通就是一个很好的例子,Alphabet 的无人驾驶汽车项目已经从 X 实验室中剥离出来,成为一家独立的公司 Waymo(慧摩)。气球网络计划(Project Loon)也是如此,这个 X 实验室的项目致力于利用高空超压气球构建空中网络,从而为全球最为偏远的地区提供互联网服务。团队一如既往地首先着手于准确地界定问题,而不是急匆匆地研究解决方案。沃森告诉我,团队负责人阿斯特罗·泰勒(Astro Teller)经常提醒大家"从最困难的地方入手",当然这并不容易,因为人们在刚刚起步时很难精准预测问题的难点。

但是,X实验室的人们已经意识到,大家往往会从最简单的地方入手。因此,反其道而行之必然是有效的,他们还举了一个很有趣的例子。假设团队的任务是让一只猴子坐在杆顶上背诵莎士比亚的作品,普通团队会直接研究如何设计一根能够使其顶端完美平衡的杆子。这个问题是他们可以解决的,而且会给他们带来巨大的成就感。但是所有人都知道难点不在这里,而在于教会猴子背诵莎士比亚的作品,如果这个任务完不成,那么其他方面的所有努力都是无用功。因此,为了使自己更加专注于任务的重点,X实验室的人们在交流中会使用"猴子优先"的标签互相提醒。

人们总是沉溺于惯性思维,撞了南墙才回头。认知心理学家认为这种习惯背后是有深层次原因的,但是在社会群体中,这种倾向的成因更为复杂。社会学家阿米塔伊·埃齐奥尼(Amitai Etzioni)发现,人们的社会身份和个性主要是由他们的交际关系塑造的,他认为我们会选择学习"稳定知识",而不是挑战我们既有的基本认知的"转化型知识"。对大部分人来说,质疑自己知识体系的框架无异于使他们的世界天翻地覆。就像埃齐奥尼所说的那样:"一旦人们在基本的世界观、自我认识、对他人的评价或者战略上达成一致，决策者想要改变这种状态，就会在政治和经济方面付出沉重代价，这也将对人们的心理产生巨大的影响……因此，挑战基本认知往往会变成禁忌，以限制知识的产生。"⁹ 这种状况还在继续。

事实证明，面对抵制重塑的高墙，问题是打破这面墙的最有效的方式。问题可以温和地敲开禁忌之地的大门，帮助个体和群体重新审视基本设想。对此，埃隆·马斯克喜欢使用"第一性原理"这个词。几年前，他的电动汽车公司特斯拉荣登《福布斯》杂志最具创新性公司榜首，我们团队请他谈谈从新角度解决大问题的技巧。

马斯克解释说，第一性原理就是要摒弃所有本不该被当作已知条件的信息，直视无可辩驳的基本事实，然后重新开始推断。马斯克举了一个简单易懂的例子，来自特斯拉所处的汽车领域。特斯拉汽车配备的是轻型铝车轮，为什么公司要接受现行的 500 美元的单价呢？马斯克可能会说："这好像有点儿不合常理。铸铝的价格大概是每磅①2 美元，而每个车轮大概重 25 磅，也就是 50 美元。当然还有一些加工成本，那么价格就翻一番，到 100 美元吧。这个车轮的价格不应该是 500 美元。"马斯克很清楚人们通常不会如此质疑现实。他们很可能会说："我们对比了其他公司买入车轮的价格，似乎是 300~600 美元。所以，我们觉得 500 美元的价格还不错。"但这只能说明其他公司也被宰

---

① 1 磅 ≈453.592 4 克。——编者注

了！就像他总结的那样，根据第一性原理分析问题，就是"通过提问'我们确认的基本事实是什么'来探寻某个领域的基本真相。你非常确信的事情便是基本真相、公理，然后你再据此进行推理"。

这个例子告诉我们，重塑框架通常都是"扩大框架"——探寻原本未被触及的领域。与之类似，我的同事克莱顿·克里斯坦森也曾建议企业创新者聚焦于产品和服务中的"根本目标"。[10] 比如，如果一家公司生产汽车，它就不该落入提问"我们应该如何改进自己的汽车"的圈套中，而是应该拓宽视野，记住汽车只是顾客用来完成任务的交通工具。如果问题变成"我们怎样才能更好地为顾客提供交通服务"，那么公司的创新框架便扩大了很多。

优质问题鼓舞人心、激发活力

马尔科姆·格拉德威尔（Malcolm Gladwell）是现代思辨性修辞大师，或者用 21 世纪的术语来说，就是非虚构性叙述作品大师。在他的畅销书《异类：不一样的成功启示录》（*Outliners: The Story of Success*）的开头，他邀请大家与他一起踏上发现之旅。

> 对于成功者，我们经常问些什么问题？我们想要知道他们的情况：个性、智商、生活方式或者天赋。我们总是认为，

是这些因素帮助他走上了人生巅峰。

在本书中，我想阐明的是，这种用个人案例来解读成功的方式是行不通的……也就是说，仅仅探寻成功人士现在的情况是不够的。只有通过考察他们的成长历程，我们才能揭示成功背后的逻辑。[11]

需要提醒大家注意的一点就是，格拉德威尔此时想表达的意思便是"让我们重塑问题"，因为这样可以迅速吸引读者的注意力。他告诉大家，人们一直以来仅从一个角度看待自己关心的问题，但其实他们真的应该拓宽思路。他知道大家的反应会是："啊，很酷，这听起来很有趣。我乐意去试试"。这也是这种问题的另一个特点：它们可以激发他人的兴趣和创造性思维，释放人们的能量，从而使大家找到新的解决方法。

伟大的洞见本身毫无用处，只有当人们把洞见应用于实际，它们才会显现出无穷威力。而把洞见转化为影响力需要我们艰苦地付出，通常情况下，这不是一个人可以完成的，毕竟个人的时间和专业技术都有限。欲成大事，或者实现重大的人生转折，都需要招募并激励他人共担重任。

新泽西州的一些父母便是如此，在感觉自己陷入僵局后，他们便招募了帮手。他们的孩子患有孤独症谱系障碍，无法独立生活，但是他们很快将超龄，无法继续参与当地学校提供的学习项目。2000年，有着类似困境的家长成立了非正式的俱乐部，出资为孩子们提供一些娱乐活动。互相熟识之后，这些家长不断讨论他们最为忧虑的事情："我们去世之后，孩子们怎么办？"突然有一天，问题变了。"随着孩子们年龄的不断增长，"他们说，"我们意识到自己必须有所作为。我们首先要做的就是重塑问题。"他们开始思考："我们应该如何使孩子们在现在和将来都能过上有意义的生活？"[12]

从某个方面来讲，这只是语言上的变化，但是难道大家不觉得第一个问题使人们陷入无助的痛苦中，而第二个问题可以激发有效的行动吗？事实上，新问题不仅给父母带来了力量，而且为他们指明了向临床心理学家、非营利机构顾问等求助的方向。现在，作为一个由美国认证的"优质生活提供者"组织，他们设立的孤独症探索基金会可以提供一系列的成人日间照护项目。他们还募集了一些资金，打算把两个活动中心合并，建立自己的总部。

孤独症探索基金会在创立之初提出了一个问题，而不是分享理念或者展望宏伟蓝图，这一点真的很重要吗？我的回答是肯定的，理由如下。问题，特别是我们在真诚地向他人求助时提出的问题，不仅可以使我们得到他人的帮助，还可以引发他人创造性的思考。在多数情况下，众人拾柴火焰高，即便效果没有这么理想，问题也可以使人们更加积极。[13]人们的认同感越强，他们解决问题的热情就越高。我们生活和工作中的大部分问题都很难依靠个人的能力解决，因此我们必须设法寻求他人的帮助，提出好的问题就是最佳方法之一。

超越"回答问题"阶段

几年前,在《华尔街日报》举办的一次会议上,我做了一次演讲,向新加坡的一些首席执行官和高层管理人员讲述了我、杰夫·戴尔和克莱顿·克里斯坦森在《创新者基因》一书中论述的新发现。我们三人在书中研究了具有创新精神的商人和没有创新精神的商人在行为方面的差异,提问行为就是分辨他们的5种主要方式之一。(比如,我们发现创新者的"Q/A比例",也就是他们在对话中提出问题的次数和回答问题的次数的比值较高。)演讲结束后,一个人从人群中走到我面前。"对我来说,"他说,"我一路升职主要是因为我能够提供正确的答案。现在,我自己当了首席执行官才发现,这个职位的责任不是回答问题,而是提出合适的问题。我对此感到很茫然。"[14]

他并没有具备很强的提问能力就成了首席执行官,对此我并不感到惊讶。等级制度本身并不鼓励员工提问,恰恰相反,无数信号让他们认识到严酷的现实:提出聚合性问题,寻求基本事实,都会让他们显得愚蠢。发散性问题更不受欢迎,因为它们往往会质疑上级的权威。顺便提一下,我所说的等级制度组织并不仅限于企业,也包括大部分非营利组织、教育机构、政府机关和军队。(阿尔弗雷德·丁尼生在《光之旅》中写下:"他们不作答,他们不发问,他们只是执行命令英勇赴死。"这不是没有原因的。)

在这种环境中,生存和发展才是硬道理,人们只要挺身而出解决问题便能脱颖而出。长此以往,解决方案得到了很大改善,但没有人停下来重新思考问题。最终谁将主持大局?就像我在新加坡遇到的那位首席执行官一样,通过这一过程选拔出来的经理人长久以来都没有机会磨炼自己的提问能力,因此他们在升职到顶层之后便会一筹莫展。但是,企业的未来和所有员工的生计都取决于高层领导关于如何更好地服务客户的前瞻性思考。当然也有一些例外,这些领导者往往是企业创始人,而不是层层升职至高位的。比如,Salesforce(客户关系管理软件)的首席营销官西蒙·马尔卡希(Simon Mulcahy)告诉我,马克·贝尼奥夫(Marc Benioff,Salesforce 创始人之一、董事会主席兼首席执行官)一直在思考未来的形势以及公司的应对措施。更值得一提的是,他总是强调以"新入行者的心态"来探索这些问题,也就是说,要以新的目光打量世界。"只有具备新入行者的心态,才能带来大胆的创新。"贝尼奥夫如是说。传统企业往往更关注执行,而非创新。挑战传统的"前进者和改革者"往往会被贴上"爱幻想的梦想家"的标签。[15]

在很多情况下,关注已知问题的解决方案并没有什么不妥。事实上,优质问题也应该能带来优质答案。[16]我想说的并不是要一直发问、不断反思问题本身而忽略前行。但是,一旦我们陷入僵局,或者创新已经迫在眉睫,又或者我们需要不断革新时,解答原有的问题就远远不够了。

因此,新加坡的那位首席执行官自然而然地意识到,自己最大的个人发展挑战便是他能否改善自己的提问能力。我还遇到过很多类似的例子。比如马克·温伯格（Mark Weinberger），专业服务公司安永会计师事务所的负责人，曾对我说过："人们都期望首席执行官能解决问题，而且显而易见的是，他们的确应该能够解决一些问题。但是，其他人有时很难意识到首席执行官的责任是提出问题。"他接着又补充说，提出这些问题的出发点必须是好的。"你不能让大家觉得，他们如果回答不出问题，就会像个傻瓜。这不是提问的真正意义。真正的意义应该是拓展他们的思维。"

对 Infosys（印孚瑟斯技术有限公司）的创始人纳拉亚纳·穆尔蒂（Narayana Murthy）来说，这是让公司成长的唯一途径。"市场上的成功最终取决于可持续的产品差异化，而产品差异化源于人们思维的力量，"他这样对我说，"这一力量的体现形式便是正确的问题，以及对这些问题的正确回答。"他在总结时强调，领导者的任务是确保组织"通过创新的力量实现产品差异化"，他还指出了领导者的工作重点："我认为，提出正确的问题是第一步。"

在僵局中陷得越深，越需要提问

事实上，无论是作为个人还是集体，我们在众多领域都需要创新的力量：揭示科学谜题、解决社会问题、克服个人困难。在许多领域中，传统思维的循环阻碍了进步，只有新问题的提出才能指明出路。

比如，许多人都注意到了一个问题：在某些领域，特别是科学技术和工程领域中的性别比例问题。我认识的一位企业家黛比·斯特林（Debbie Sterling）在大学毕业时便深受这个问题的困扰。她曾就读于斯坦福大学的工程专业，该专业中女生的比例很小。大家知道这并不是由招生人员的性别歧视造成的，只是因为申请工程专业的女生本身就不多。

斯特林告诉我，有一天她突然发现了改善这一情况的办法。"这个想法最先源于一个我和朋友们创立的'创意早餐俱乐部'。我们每隔几个月聚在一起，动手做早饭，每个人都会谈谈自己的某个想法，比如艺术项目、商业项目或者 App（应用程序），我们会围绕每个想法展开几分钟的头脑风暴。"有一次，她的朋友克里斯蒂回忆起她小时候玩哥哥的林肯木质建筑积木和 Erector 金属建筑积木的情景，这些玩具让她对建造产生了兴趣。"她当时还太小，不知道这不是女孩子的玩具。"斯特林回忆说。克里斯蒂问父母，为什么这些都是哥哥的玩具，而不是她的。"克里斯蒂的问题是，这些玩具怎样才能同样适合女孩？我记得自己如痴如醉地坐在那里。这简直是个顿悟时刻，我感觉这就是自己来到这个星球的意义所在。"

斯特林遵循着这一意义的指引行动起来，她提出了产品设想，并且通过 Kickstarter（众筹平台）做出了玩具原型。现在，她创建的玩具公司 GoldieBlox 推出了一系列的产品，并且骄傲地阐明了初衷。"GoldieBlox 致力于鼓励更多的女孩儿投身工程领域，"公司主页上如是说，"我们的目标就是让女孩儿着手建造。"斯特林的表述更为精妙："我们的问题就是，如何打破粉红壁垒？"

这只是众多例子中的一个，许多人都曾直面他人束手无策的问题，并以出人意料的新角度提出了应对之策。这是始终贯穿本书的一个主题，后面的章节还会出现人们应对网络犯罪、解决交通问题、打击枪支暴力等方面的例子。他们的努力表明，我们不仅要致力于找到新的解决方案，还要努力培养人们的提问能力。

是时候改善提问水平了

需要阐明的一点是，本书的写作目的既不是给出现成的答案，也不是给出现成的问题。其他很多书籍常常为大家提供一系列的问题，它们的公式在某些特定情况下的确有用，[17]但是本书希望能够更进一步，帮助人们培养提问能力，使得大家可以根据自身的具体情况提出针对性问题。

因此，本书聚焦的是一类特殊问题，是茫茫问题海洋中的一小部分。也许，这也能解释为什么其他鼓吹问题和提问能力的重要性的书籍并没有人们想象的那么有效。其实，我们需要做的并不是提出更多的问题。事实上，许多问题不是在浪费时间，就是会让人误入歧途。只有某类特定的问题可以帮助人们想出创造性的解决方案，因为它们可以激发集体思考并促成合作，从而实现重大突破。聚焦这些问题，我们就可以学会如何更好地把它们应用到我们的生活和工作中。

突破性进展始于重塑问题,而我们在许多领域都需要突破性进展。如果能够更加系统地把握所谓的"机缘巧合",那么我们都将受益匪浅。这正是本书的基本思想:看似千载难逢、莫名其妙的灵光乍现其实并非运气,也并不罕见。只要多多关注某些问题,"灵光"便可再现。

第 2 章
是什么阻止了我们提问

权力往往会毒害提问过程,绝对的权力绝对会毒害提问过程。

QUESTIONS

即使规定不合理,即使规则制定者并不具有相应资格,我们也会按命令行事,循规蹈矩。我们之所以如此,是因为拒绝俯首帖耳的代价往往很高。

学生进入学校的时候满是问号,这些问号在他们毕业的时候都变成了句号。

ARE THE
ANSWER

在看到一幅具有煽动性的政治艺术作品时，大家总会怀疑其中有对人的美化成分。已故的蒂姆·罗林斯（Tim Rollins）的情况似乎便是如此。这位纽约艺术家以长期与中学生共同创作而闻名，这些中学生来自纽约布朗克斯最混乱的街区，其中的很多人还有学习障碍。在20世纪80年代末，蒂姆和KOS（kids of survival，挣扎于生存线的孩子）是艺术节的宠儿，"孩子们"直到现在依然在创作，但是《纽约》杂志在合作作品的销售如日中天时刊登的文章讲述了这个故事的另外一面。它引用了一些感到不满的学生的观点，不加吹捧地描绘了工作室的日常。[1]比如，有个学生抱怨说，如果罗林斯不喜欢某个学生的建议，其他人也都会随声附和。"他会说，嗯，不行。然后所有人都会说，不行，不行，不行。"但是，如果罗林斯提出自己的想法，那么所有人都会赞不绝口。"他会问：'你们觉得怎么样？''哦，很好，我们都很喜欢，蒂姆。'"

我不认为自己了解真相，也许真相不止一个，但是可以看出，孩子们在努力理解这一不同寻常的合作机制。一位年轻女士告诉《纽约》杂志记者："孩子们不会表达异议，因为他们不想伤害蒂姆的感情。"他们都知道自己是这个项目的受益者，担心蒂姆感觉他们在利用自己。但是同时，她也提到，有些孩子知道，正是他们的参与提高了作品对买家的吸引力。她说，所以，孩子们的感觉就像是："等等，让我想一想，究竟是谁利用了谁？"

大家对于这个问题可以各抒己见，但是关键在于，这个问题的提出是完全合理的。本着换位思考而不是指责的态度进行内部讨论，也许可以消除一些不满情绪。它本可以具有催化作用，本可以使他们的合作关系更加紧密，从而使得他们的作品更具创意。但是，心存疑虑的学生为什么没有发声呢？为什么像这种重大又合理的问题没有被提出呢？我们将在本章探索这个问题。我给出的答案相对复杂，因为各种不同的因素可以共同扼杀问题，但是最终，我们可以将其归结为简单而又可解的问题。我们这个世界的大部分社交场合都不鼓励提问，不注重培养人们创造性地提问的能力，不过一旦我们意识到这一现状并下决心改善，这一目标就是可以实现的。

学会不提问

对很多人来说，他们不会立刻提出问题的第一个原因就是，那种与生俱来的提问欲望在小时候屡屡受挫，以至这种冲动越来越弱，乃至消失殆尽。这一过程贯穿学校和家庭，还会延续到工作中。等他们就任高位，可以尽情提问，甚至为了自身或公司的利益不得不发问时，他们已经不知如何开口了。

跟孩子们接触较多的人都知道，小朋友满脑子都是问号，而且会随心而问。这当中的大部分问题都是单纯地寻求知识或者试图理解这个世界，但肯定有些问题让大人不知该如何回答，有些漫不经心的问题还可能触犯禁忌。当问题被解答，孩子可以有两方面的收获。他们的好奇心可以得到满足（如果足够幸运的话），同时还会获得可以继续提问的信号。

在通常情况下，学龄前儿童提问题都很活跃，但是一旦接触大多数正式的教育体系，他们的提问行为便会受挫。托尼·瓦格纳（Tony Wagner）和泰德·丁特史密斯（Ted Dintersmith）在《为孩子重塑教育》一书中便对此进行了记录。教育主管部门想要看到的是学生在标准化测试中的优异成绩，受此影响的教师只能忙于应试教育，尽可能多地向学生灌输系统知识。学生的提问会造成教学计划无法顺利完成，因此不受老师的欢迎，而且在二三十个学生组成的班级里，教师往往也不会提出探讨性问题。老师可能会提问很多学生，但仅仅是为了考察他们的记忆情况或者防止他们走神。

教育研究者早就意识到了这一不平衡的现象。比如，20世纪60年代，埃德温·萨斯坎德（Edwin Susskind）走进小学课堂，仔细记录了所有的口头交流。他发现，教师每节课平均会提出84个问题，而学生只提出了两个问题——所有学生一共只提了两个问题。根据他的统计，每个学生平均每个月只提一个问题。[2] 在此之前的1942年，心理学家乔治·费伊（George Fahey）在对6所中学的169名学生进行了一学年的观察后，得出了同样的结论：每个学生平均每个月只提一个问题。[3] 威廉·弗洛伊德（Wiliam D. Floyd）发现，小学老师与学生的提问比率为95∶5。[4] 教育学家詹姆斯·狄龙（James T. Dillon）在总结20世纪80年代末的研究成果时提出："学生们在教室中基本不提问。尽管教师们提问的次数非常多，但是学生提问的次数少之又少。"[5]

我们也许会以为这种教室中的单向提问模式会随着学业的深入而逐渐改变，学生的知识储备将使他们开始新的探索。比如，在代表作《创造性思维》（*Productive Thinking*）中，马克斯·韦特海默（Max Wertheimer）探讨了爱因斯坦提出相对论的历程。他提到，爱因斯坦在16岁的时候"并不是一个特别出色的学生，只不过独自进行了一些富有成效的工作。对物理和数学的研究使得他对这些领域的了解超越了同学们。也就是从那时起，那个伟大的问题开始困扰他。在接下来的7年中，他一直在冥思苦想"。爱因斯坦是个极端的例子，但我想说的是，正因为他花了数年时间研读文献，他才有能力提出自己的想法，而且在20世纪初，23岁的人是有可能阅尽文献并踏上顶峰的。（谈到爱因斯坦和问题，我一定要引用韦特海默的如下叙述："从开始质疑传统的时间概念到完成相对论论文的写作，他只用了5个星期，而且他当时还是专利局的一名全职员工。[6] 这多么完美地佐证了正确问题的催化力量。"）

在任何领域，学生通常都需要首先学习基本事实和理论，也就是公认的、毫无争议的基本知识，才能够独立提出有见解、有成效的问题。科学教育研究者菲利普·斯科特（Philip Scott）认为，教室中学生和老师的交流有两种风格。在"权威"模式中，教师仅仅起到传输作用，把信息传输给学生就是他们的目标。当然，学生也可能会提问，但仅仅是为了了解事实或者打消疑问。教师会经常提问，但仅仅是为了检测学生的理解情况。当教师转向"对话"模式时，他们会鼓励学生大胆地提出自己的想法，考虑不同的观点。他们用启发式问题促使学生尝试回答，同样重要的是，他们也欢迎学生提出类似的问题。斯科特认为，两种模式都是必不可少的，有效的教学活动应该是二者的交融，但是对话模式所占的比例会随着学生学业的深入而提高。[7]

大家会发现，这当中有个无法避免的问题，随着时间的推移，这个问题将越来越严重。在任何领域，基础知识体系都在不断扩大。因此，对每一代人来说，学生都需要更长的学习时间才能站到巨人的肩膀上登高远望。大多数人都很难支付这么长时间的高昂的学费。因此，他们在学校的所有时间都用来接收信息，他们很少质疑基本概念，也没有时间学习如何质疑。

然后，他们就进入了职场。有些人加入了军队，这也不是一个以培养质疑能力而闻名的地方。还有些人进入了政府或者企业，从事有着标准流程和制度的工作。每个工作繁重的员工都会拿到一份详尽的工作流程手册，这无疑是为了消除问题而设计的。因此，这些在不欢迎问题的教育环境中成长起来的员工往往会发现，强调执行力的工作场所也缺乏对创造力的鼓励（当然，在最具创新力的公司中，情况正好相反）。

因此，为了追求效率，从教室到办公室，人们的创造性探寻活动一直被忽视了。停下来考虑问题的其他解决方案或者其他问题的解决方案，都会耽搁时间，而且问题如果具有挑战性，还会导致项目停滞。追求成效是人们不喜欢提问者的原因，但这通常只是原因之一。更重大、更黑暗的原因在于，这些场合往往充斥着权力斗争。

被权力腐化的提问过程

在人际交往的任何领域，人们都会设法谋求权力，甚至在我所处的学术界也不例外。华莱士·塞尔（Wallace Sayre）曾经说过一句著名的论断，他认为学术界的政治斗争尤其激烈，"因为失败的代价微乎其微"。但是，如果想要了解世界一流的权力斗争，那么大家还是要去好莱坞。选择在任何时间去任何一家大型影视公司，你都能看到"权力的游戏"。我特别喜欢20世纪40年代的一件有详细记录的事情，因为它展现的是两个有着不同权力的人之间的对抗——这两个人是富有的制片人塞缪尔·戈德温（Samuel Goldwyn）和受人尊敬的作家莉莉安·海尔曼（Lillian Hellman），这件事再清楚不过地告诉我们，为什么大多数人讨厌提问。

根据戈德温的传记作家斯科特·伯格（A. Scott Berg）的记述，1943年的一天，戈德温命令海尔曼来自己位于好莱坞的家中。

当时，海尔曼刚刚声称戈德温出品的一部改编于自己小说的电影就是"一堆垃圾"。

  海尔曼进入房间之后，戈德温吼道："我听说你告诉别人，特蕾莎·赖特（Teresa Wright）是你发现的！"
  "这和其他事情有什么关联？"她问。
  "回答我的问题。"他命令道。
  "不，"她说，"我不会回答你的任何问题。我今天下午就告诉过你了，我不再接受你的任何命令，再也不。"
  戈德温勒令她离开。她对抗道："我不会离开这栋房子，除非你离开这个房间。"他的脸色变得苍白，重申了自己的命令。她也重申了自己的声明。他们两个怒目而视，然后他首先眨了眼睛，大声呼喊妻子弗朗西斯。弗朗西斯跑进房间，试图让他们和好，结果他怒气冲冲地跑到了楼上。他一离开房间，海尔曼就走出了前门。[8]

  这次交锋微不足道，而且滑稽可笑，但是在阅读的时候，大家很可能都会感受到剑拔弩张。我们看到的是一场对于发号施令的权力的争夺，我们本能地感觉胜者将会是提出问题的人，而失败者将会是被迫回答问题的人。但这次冲突以僵局结束，一个趾高气昂的提问者遇到了一个拒绝回答的对手。
  当然，这场冲突并不是那种可以打开创新突破新领域的大门的催化性问题。另外一种问题更为常见——经常被人们用作武器的问题。这种问题在政坛中比比皆是，就像道格拉斯·沃尔顿（Douglas Walton）所写的那样："许多政治辩论中的提问和回答的特点……就是问题的攻击性很强，对方往往避而不答，然后提问者抱怨对手有意回避。这些人提问不是为了得到允许、了解他人观点、了解对方或者寻求建议，而是在试图获取或维持权力。他们利用问题打压对方，抓住他们的把柄，让他们出丑，或者提醒对方必须放下手头的一切事情做出回应。这种对权力极度饥渴

▶ 图 2-1

汉堡的这幅街景使我停下了脚步，想到渴望权力的人在日常工作和生活中关上了至关重要的问询之窗

的人寻求的不是真相，而是优势。"⁹

这也进一步说明了为什么普通人不愿冒险提问：大家看惯了政客们的手法，因此感觉提问意味着攻击。注意到这一点，那些不想冒犯他人或者不想被人看作夺权者的人便会选择把问题留在自己心里。因此，许多人本应该以平和的方式提出更多的问题来提供知识、打消疑问、激发新思路，但他们为了避免冒犯别人而不断压抑自己。周围的权力斗争让他们印象深刻，因此他们选择缄口不言。

最令人警醒的一个例子就是精神病学专家查尔斯·霍夫林（Charles Hofling）在20世纪60年代对护士进行的一项经典研究。为了测试员工在权力等级中的实际"情景"行为，以及这些行为与员工们自己预测的偏差，他让一名研究员扮演医生，打电话给各家医院的护士，命令他们把一种叫Astroten的药立刻送给某位病人。其实这种药品根本不存在，但是研究者事先把安慰剂装入标有这个药名的小瓶子中，放进了药柜。这一命令不仅违反了下医嘱的流程，而且它要求的剂量还是瓶身标注的"每日最高限额"的两倍。但是，接到电话的22位护士中，有21位丝毫没有质疑这一命令，后来研究者们不得不介入，终止了他们的执行行为。

对那些天生控制欲特别强的人来说，这种无条件的服从实在是非常美妙。事实上，衡量权力的最佳标准大概就是一个人的命令和行为可以不受质疑。在经典电影《绿野仙踪》中，主角们到达了翡翠城，得到了国王的接见。这一场景想要体现的是，主人公们原本认为应该和蔼仁慈的大人物实际上是个蛮横霸道的家伙。电影如何让观众对此一目了然呢？这是通过他机枪似的一系列问题体现的。多萝西刚刚说出"我们是来请……"就被粗暴地打断了。"安静！伟大且强大的奥兹国王知道你们为什么来到这里。"他知道自己如果听到了问题就需要回答。因此，他拒绝倾听，命令多萝西和她的朋友们"走上前来"，极尽侮辱，然后让他们去给自己办事。这只不过是电影中的场景，但是它表达的含义我们都明白。这就是盛气凌人者的套路。

权力追寻者们都认为问题引导着对话的走向，因此提问者便是主导者。他们用问题来控制局面，当他人提出问题时，他们要么选择忽视，要么把问题转向自己擅长的话题。《福布斯》杂志的网站上有一个职场建议专刊，许多来信人都在为霸道的上司而感到苦恼，其中一位名叫乔西的人写道：

> 我的展示进行到一半的时候，一位副总裁问了一个简单的问题。
>
> 我还没来得及回答，巴特就跳了出来……
>
> 副总裁说："我这个问题是请乔西回答的。"于是我进行了解答。
>
> 会后，巴特对我说："乔西，你真的应该让我回答！那个问题不是你的专业。那位副总裁和我对它的了解都比你要深入。"
>
> 其实，那次展示的内容正好属于我的专业领域。[10]

很明显，这种行为模式在许多工作场合都会出现。一个叫作 Muse（缪斯）的网站曾经邀请大家讲述自己遇到过的最糟糕的老板的故事。其中一个人回忆道："一次开会的时候，大老板（我跟他曾经共事过，关系还不错）问了我一个问题。我刚要回答，我的上司就把手挡在离我的脸不到一英寸[①]的地方让我闭嘴，由他来替我回答。"[11] 也许你认为这只是个案，那就去读一读斯坦福大学教授、作家鲍勃·萨顿（Bob Sutton）的《拒绝浑蛋法则》(The No Asshole Rule)和《浑蛋生存指南》(The Asshole Survival Guide)吧，其中的翔实研究会告诉你，事实恰好相反。鲍勃告诉我，工作中的霸凌现象远比人们想象或者承认的多。

总而言之，有些人善于提问，有些人不善于此，最糟糕的提问者会利用问题来控制别人。但是，大多数人从来都没有意识到，有害的提问会使所有的问题都"名誉受损"。他们相信，提问，尤其是可能会挑战现状的提问，是粗鲁的行为。人们在等级制度中的地位——社会地位、专业知识、所有权、个人魅力，甚至四者的结合——越高，他们的问题的冲击力往往就越大，他们就越不可能鼓励他人挑战自己，因此他们无法帮助自己或他人在思维和行动上获得提升。

一个多世纪之前，阿克顿爵士（Lord Acton）曾经基于对高级政府官员和教会官员的观察做出过明智的论断："权力往往导致腐败，绝对的权力导致绝对的腐败。"他进一步阐释说："伟人通

---

① 1英寸=2.54厘米。——编者注

常都不是好人，即使他们有时利用的是自己的影响力而不是权威。考虑到权威往往或者必然会导致腐败，情况尤其如此。没有什么异端邪说比职位赋予在职者权力更荒诞不经了。这必然会导致他们为达目的不择手段。"我要把阿克顿爵士的论断拓展到本书中：权力往往会毒害提问过程，绝对的权力绝对会毒害提问过程。

成长思维的缺失

大家为什么会忍受这种事情？芭芭拉·凯勒曼在《糟糕的领导力》一书中给出了一种解释："我们对安全感的需求不仅体现在家庭维度中，它在多个层次上都有所反映，这便是我们在日常生活中追随领导的原因。一个好学生通常不会质疑老师，即使老师很糟糕。长大工作之后也是如此，我们总会遵守纪律。即使规定不合理，即使规则制定者并不具有相应资格，我们也会按命令行事，循规蹈矩。我们之所以如此，是因为拒绝俯首帖耳的代价往往很高。"[12]

因此，我们往往轻易屈服于权力。但原因不仅如此，缄口不言也是出于自身利益的考虑。可能就像 SAP（思爱普）首席执行官孟鼎铭（Bill McDermott）对我说的那样："我们不想知道询问可能会引发的不尽如人意的回答，或者承担新知识可能会引发的后果。"这让我想到了凯文·亨塞克（Kevin T. Hunsaker）的例子。2006 年，他担任惠普公司的"道德规范主管"时，董事会会议中的敏感信息被泄露，公司大为光火，全力调查是哪位主管把消息透露给了记者。安全团队的一位成员向亨塞克投诉说，惠普公司在调查过程中试图获取私人电话记录，这已经违反了规定，这种行为"非常不道德，而且有可能违法"。亨塞克因此不得不询问调查负责人有没有逾越规定的行为。在得到"游走于法律边缘"的答复之后，他并没有进一步追问。相反，他在电子邮件中回复："我真不应该发问。"[13] 这真是莫大的讽刺，道德规范主管的责任不就是提问、质疑吗？结果，这样一项不合理的调查没有受到任何约束，影响极坏。

人们常常不愿提问，是因为他们担心得到的信息会迫使他们做出改变。即使理性来看事情进展得并不顺利，人们的内心仍然会充满对现状的疯狂的保护欲。[14] 在第1章，我们提到过"未知的未知"矩阵。对大多数人来说，进入这一领域的障碍很多，其中就包括不愿冒险的情感因素。

卡罗尔·德韦克（Carol Dewck）关于人们对智力的态度的研究也能说明问题。在《看见成长的自己》（*The New Psychology of Success*）一书中，她开创性地提出，一些人认为人的智力水平是固定不变的，而另外一些人则认为智力是可以被开发的。后者具备德韦克所说的"成长思维"，这使他们比前者更有努力奋斗、赢得成功的动力。但是，德韦克紧接着指出，成长思维的优势"不仅仅在于勤奋"：努力工作的意愿固然重要，乐于学习的人在陷入僵局时也需要尝试新策略，寻求他人的启发。[15]

德韦克还特别描述了不同思维的学习者会如何应对问题。比如，假设你报名参加了一门自己不熟悉的课程，几节课之后，老师请你到讲台上来回答问题。德韦克指示道:"让自己进入固化心态,你的能力正面临巨大的考验。你能感受到大家落在你身上的目光吗?你能看到老师评判的目光吗?感受这种紧张,感受自尊受挫。"她说,现在,情景不变,切换到成长心态。"你是个新手,所以才来到这里,你是来学习的。老师是知识的来源。感受紧张情绪离你而去,感受思路顿开。"

我对强大的人的提问行为进行过探讨,德韦克此处的论述则让我们看到了问题的另一个方面。别人呈现问题的方式很重要,你的接收方式也很重要。你是以固化心态还是成长心态来回应的?直觉告诉我,拥有固化心态的人和拥有成长心态的人提出的问题也有很大差异。那些不喜欢改变和成长的人不太可能提出挑战性问题,也不太可能产生创造性思维。他们甚至不会提出没有任何影响的温和问题,更不用说那些具有变革潜力的问题了。

我在第 1 章提到过柯达公司的例子,这家公司的创立正是因为一个有催化作用的问题。但是几十年后,一切都变了。2012 年,柯达破产。它的毁灭是因为其他人在它之前提出并回答了所有正确的问题:关于数码技术将会如何影响非专业摄影的问题。其实,柯达的工程师早在 1974 年就设计出了第一台电子照相机,尽管它的像素只有 0.01 兆,但这是个不错的开始,后续应该会有更好的发展。但是,柯达的管理层并不认为应该在此投入大量资金。他们认为照片的像素太低,而且人们在家中和办公室里都没有个人电脑和高速互联网来分享或打印照片,柯达的数码相机因此被束之高阁。

▶ 图 2-2

我们和孙辈一起来到加州迪士尼乐园，发现已经有几十年历史的"柯达拍照点"标识被"尼康拍照点"取代，这悲哀地标志着柯达最终从数码摄影界撤离

20年后，虽然柯达的个人数码产品业务经营得不错，但它已经在这个迅速发展的新市场中失去了一个大好机会。令人费解的是，为什么这家公司丧失了它成立时具备的想象力和提问能力？为什么许多其他公司都是如此？在我看来，随着组织规模的扩大，组织所占的市场份额越来越多，许多渴望权力的人被吸引至此并且登上管理高位。而他们的下属都是能够迎合这种老板的人，这些下属缺乏成长思维，不愿提问。因此，这些一度改变过世界的企业也失去了提出并探索激动人心的新问题的能力。

为提问创造新空间

世界上有许多问题亟须解决，保护濒危物种便是其中之一。让动物保护主义者感到尤其棘手的是白犀牛的困境。据说它们的牛角有药用价值，其实这纯属误传，但它们仍因此成了偷猎者的目标。几年前，一家南非的非营利组织因为一项改变此困境的提议获得了创意奖。以前，人们所有的努力都是为了劝阻或拦截偷猎者上，但是这些偷猎者进入动物栖息地实在是毫无障碍。而这一新举措提出的问题是，我们为什么不把动物迁徙到其他地方去呢？现在，无国界犀牛组织（Rhinos Without Borders）已经把几十头犀牛运送到了博茨瓦纳的一个地区，偷猎者在那里没有任何活动和组织，更难以进行偷猎活动。

我在这里讲述这个故事，不仅是因为它展示了问题的力量，更是因为它为提问者指明了方向。通过劝说那些喜欢扼杀问题的人，将原本敌视问题的环境变成有利于创造性提问的环境，这是不可能的。他们的势力太大，而且根深蒂固。因此，人们如果想要培养提问能力，应该创造新空间，在新空间里设立新规则并加以保护。

维贾伊·阿南德（Vijay Anand）是财捷集团（Intuit）的一位高级主管，这家软件公司非常注重创新。"作为一位领导，你的工作是设立宏伟目标，规划宏大蓝图，"他说，"但是作为一位好领导，你也需要退到一旁，让下属迸发灵感并实施计划。不要干预细节，给下属自由发挥的余地。很多时候，你仅仅做到这一点就够了。我经常会问的一个问题是，你们对印度市场有什么百万美元级的产品设想？大家被这一问题激发出的创造力和行动力真是太匪夷所思了。"[16] 这正是财捷集团董事长兼首席执行官布拉德·史密斯（Brad Smith）在位15年期间一直在大力推广的理念。他坚信宏大挑战型问题的力量，认为这种问题可以促使大家思考如何把梦想变成现实。他珍视所有"让我们心跳加速并且后退一步表示——'哇哦，为了实现这一目标，我需要彻底改变自己的想法和行动'的问题"。

对财捷集团的设计和创新副总裁莱昂内尔·莫里（Lionel Mohri）来说，营造良好的提问环境就是他的全职工作，让我们来看一下他的观点吧。他大力倡导针对产品和服务创新的"设计思维"，注重培养员工的"系统思维"，为公司的同事提供思维框架和资源，帮助他们寻求新的解决方案。但是，他告诉我："我认为创新并不在于解决方案，而在于提出正确的问题……无法提出正确的问题，就无法得到正确的答案。"人们如果想要打破成规，进行颠覆性创新，就必须在更高的维度上重塑问题。他认为这正是设计思维和系统思维的核心，帮助他解决了如何为员工铺路的问题。

上述论断都表明，财捷集团致力于营造创新文化，这相当于设立了一个"自然保护区"，使得问题可以在其中蓬勃发展。在后面的章节中，我还会提到许多类似的例子：创造一片希望绿洲，期待创新友好型环境的规模会不断扩大。

提问中的文化差异

创造鼓励提问的环境并不仅仅是指塑造公司内部的组织文化。不同社会的文化对于提问的态度也有差异。哈佛商学院院长尼廷·诺利亚（Nitin Nohria）曾回忆自己人生中第一次离开孟买，到达麻省理工学院攻读博士学位时的豁然开朗之感。

我一方面感觉这是个小地方，一方面也感觉自己来到了无边无际的学术圣地。让我感到吃惊的是，没有人觉得你只是个博士生，所以应该只关心小事情，等到获得终身教职后再思考一些大问题。在印度，你总是感觉自己应该找准位置。它是一个等级森严的社会，你不能在年轻的时候去挑战教授的权威。

在这里，我突然得到了解放。我可以自由畅想，还被鼓励参加研讨会。而且只要问题合理，我就可以毫无顾忌地像其他任何人一样提问。[17]

当然，当今的印度和几十年前有了很大差别，美国也是如此。这种文化状况有可能被夸大了。TK 是华盛顿特区的一位韩裔法学教授，他经常在自己非常受欢迎的博客"问问韩国人"中吐槽"文化主义"。他解释说，自己创造的这个词是指"以或真或假的'文化差异'来解释人们行为的莫名冲动"[18]。这一概念的提出针对的是马尔科姆·格拉德威尔用来解释大韩航空空难原因的理论。永远没有人会知道，大韩航空 810 的机组成员为什么会在降落到关岛机场时出现失误，最终使飞机坠毁在附近的高原上。格拉德威尔的理论认为，副机长和工程师过于尊重权威，因此即使看到疲惫的机长犯错误，他们也没能质疑他的决定。但是 TK 并不赞同这种由于过度服从的韩国文化导致空难的理论。他写道："文化主义冲动总是毫无道理地试图用文化解释一切，但'文化差异'很多时候都是莫须有的。用亚伯拉罕·马斯洛（Abraham

Maslow）的理论来解释，对一个有着文化主义冲动的人来说，所有问题都像是文化问题。"

文化主义的确可能会走极端，但是大量研究确实表明，不同国家的文化之间存在切实差异，而且其中的一些差异肯定会影响人们提问的积极性和对待挑战性问题的态度。比如，该领域的知名学者吉尔特·霍夫斯泰德（Geert Hofstede）和同事们对6个维度的跨文化差异进行了数十年的研究。"权力距离"便是其中一个维度，是指"机构和组织（比如家庭）中权力较小的成员对于权力的不均衡分布的接受程度和期望值"[19]。在权力距离较小的社会中，生活的许多方面与权力距离较大的社会有着显著不同。比如，在不平等的情况不是特别明显的文化中，下属期待上级征询自己的意见，而在不平等的情况特别显著的文化中，下属期待的是命令。这一因素对于能否提出挑战现状的问题的影响是显而易见的。

第二个跟提问有关的维度是"不确定性回避"，也就是社会成员因为模糊、混乱的局面和未知的前景产生的压力感。在不确定性回避程度高的文化中，人们喜欢严格的行为准则、法律和规范。人们厌恶离经叛道，认为"真相只有一个，而且就是我们认定的这个真相"。提到这个维度的显著差异时，霍夫斯泰德举了一个例子：有些学校的老师可以说"我不知道"，而在另一些学校，老师被认为应该无所不知。同样，我们可以轻而易举地看出这些文化差异对于能否提出发人深省的问题的影响。

在霍夫斯泰德提出的文化差异中，与提问相关的第三个维度是社会中的个体主义和集体主义倾向。在个体主义文化中，人们之间的联系较为松散，大家各自为营。在集体主义文化中，人们在家庭和工作中会形成凝聚力很强的团体。个体主义文化重视各抒己见，而集体主义文化聚焦的是维持和谐。如果以后者为目标，那么提问出现的频率可能不会太高，因为人们重视的是构建他们的共识和合作基石的稳固知识，而不是可能会扰乱现行安排的具有变革性的知识。

霍夫斯泰德的研究不断提醒从事跨文化交流的人们，他们所认为的态度和行为并不具有普遍性。对我们这些关注提问行为的人来说，它还进一步说明，人们与生俱来的好奇心可能会被他们所处的环境鼓励或抑制。如果我们承认这个社会，当然也包括整个组织，都有避免提问的趋势，那我们就应该下定决心，开辟出一片可以让问题蓬勃发展的绿洲。

开辟提问绿洲

贵格教派有一项传统就是一个非常不错的开辟提问绿洲的例子。我对这项活动的了解来自教育学家、活动家帕克·帕尔默，他的著作影响了数百万人，其中包括我最喜欢的一本书《让生活发声》(*Let Your Life Speak*)。他曾经回忆起自己得到梦寐以求的大学校长的职位时的情景。即使非常确信自己会接受这个职位，他还是遵循了教规："按照贵格教会的传统，我召集了6位可信任的好友，成立了'明朗委员会'，帮助我深入剖析自己的工作。

大家不会直接给出建议，但是会花三个小时向你开诚布公地提问，帮助你发现自己内心的真实想法。当然，回头看看，我召集大家的真实意图分明不是帮助自己释疑解惑，而是炫耀一份我已经准备接受的工作！"

据帕尔默回忆，刚开始的问题都很容易回答，它们跟自己已经精心准备并且在求职面试中出色作答的问题并没有多少不同。但后来他遇到一个听起来很简单，而实际上并非如此的问题："你想当校长的最重要的原因是什么？"帕尔默支支吾吾、闪烁其词，委员会成员都认为他在回避问题。在几次尝试失败后，他最终说出了自己的真实想法，那是一个让他自己都感到厌恶的答案。

"其实，"我用低得不能再低的声音说，"我想我喜欢这份工作的最重要原因是我的照片会因此而上报纸，而且我的名字前面还有校长头衔。"

坐在我周围的都是经验丰富的贵格教徒，他们知道，虽然我的回答很可笑，但我的灵魂显然已经岌岌可危了！不过他们根本没有发笑，而是陷入了漫长而严肃的沉默——让我如坐针毡的沉默。

最终，提出这个问题的人打破了沉默，也打开了我的思路。"帕克，"他说，"你不能想出一个更简单的方法让照片上报纸吗？"

委员会的目的达到了。它的问题促使帕尔默审视自己,并且发现他对这一显赫职位的渴望更多是因为虚荣,而不是出于对自己职业规划的考虑。不久之后,他打电话拒绝了这一职位,他知道这样避免了自己的损失,更使学校避免了一场灾难。[20]

我相信这样的经历会使人们终生热爱问题,它也清晰无比地表明,重大问题是不会自然而然地出现在我们的日常生活中的。

借用海明威的话来说,问题的展开需要整洁、明亮的空间。我见过许多人努力营造这样的空间,以对抗压制好奇心和质疑的各种力量。人们专门留出时间和空间来进行有别于传统的练习。比如,在商界,马克·扎克伯格为脸书员工设立了每周一次的"问题时间",不仅鼓励员工寻求更多信息,还鼓励他们提出尖锐的问题,指出领导层忽视的或不够积极进取的方面。还有一些企业会组织专家举办远程会议,致力于讨论前瞻性问题。

在家庭层面,一些家长,比如蒂法尼·什拉因(Tiffany Shlain,曾获艾美奖提名的电影制片人,在网页设计早期还曾设立威比奖)和丈夫肯·戈德堡(Ken Goldberg,艺术家、作家、加州大学伯克利分校学者)会在一天或一个星期当中设定一段"无电子设备时间",以促进家庭成员之间的交流。我的朋友,可口可乐公司公共事务、企业公关及可持续发展部首席主管比亚·佩雷斯(Bea Perez)在家中也有"餐桌交流"时间,为对话和关键问题的提出提供机会。

我的朋友黛比·斯特林(我在第 1 章有所提及)的创意早餐俱乐部之类的创意可以让人们暂时脱离日常生活,为奇思妙想创造空间。就此而言，任何类型的治疗或指导课程都应该是提出并回答变革性问题的绝佳场合。

大家在读完第1章后可能会产生疑问：如果问题对于进步（或大或小的进步）如此关键，那么为什么人们直到21世纪还没有意识到这一点，还没有实践这一点？我们为什么没有更多地鼓励、邀请大家提问？从某种意义上来说，本章就是对这一疑问的详细解答。

我们首先给出惊人（但充分）的证据，说明学校本应是人们学习最多、提问最多的地方，但是提问在学校中反而被抑制。就像尼尔·波兹曼（Neil Postman）的那句名言所说的那样："学生进入学校的时候满是问号，这些问号在他们毕业的时候都变成了句号。"他们都变成了解答大师、提问菜鸟。几十年来的严谨研究表明，教室和办公室中都很少有人提问，这并非因为人们缺乏好奇心，而是社会环境所致。人们在刚出生时都是积极、热情的提问者，但这一特性随着年龄的增长慢慢弱化了。

我还提出，这种对生存和幸福至关重要的先天行为被社会规范有效地压制了，因为等级制度中的大人物厌恶问题、限制提问。而许多人也缺乏成长心态，他们得出了"不提问，生活会更轻松"的结论。用领导力研究专家约翰·加德纳（John Gardner）的话来说，质疑任何基本问题都是在挑战"僵化、顽固且自满的现状"。[21]（让我们想一想，我们为什么要采取现在的行动？我们现在聚焦的真的是最重要的目标吗？）

因此，难怪个体的沉默寡言和对提问的强烈抵制导致了群体创新思维的严重缺乏。我们的社会的提问能力严重不足，需要大家自己打破"心灵的镣铐"——威廉·布莱克（William Blake）的比喻，并且在团队、教室和家庭中重启提问程序。我们也许无法改造整个世界，但是可以开辟出问题友好型空间。接下来的章节将向大家展示具体步骤。

QUESTIONS ARE THE

你可以通过一个人的答案判断出他是否聪明。
你可以通过一个人的问题判断出他是否睿智。

如果你希望人们的行为有所变化，那么首先你必须改变他们所处的环境。

重点在于不断拓展问题的空间，从而扩大解决方案的范围，并坚定你解决问题的决心。

第 3 章

"问题风暴"的效果如何

ANSWER

大概20多年前,我和同事杰夫·戴尔一起主持了一个MBA班级的创新策略思维头脑风暴活动,整个过程简直是举步维艰。我们谈论的是困扰许多组织的一个问题:如何在男性主导的环境中营造平等文化。尽管这是一个许多学生都关心的问题,但显然他们对自己提出的方案都不满意。还有几分钟就要下课了,我们已经进行了大量讨论,但房间里还是死气沉沉的。

　　我扫视了一眼时钟,闭上眼睛,下定决心至少要给下次活动开个头。"同学们,"我即兴发挥说,"不要再去想今天这个问题有没有更好的答案了,让我们把针对这一现象可以提出的问题写下来,看一看我们在下课之前可以提出多少问题。"他们开始尽职尽责地提问,我也履行职责,在有人试图回答的时候对其进行制止。令我感到惊讶的是,整个房间的人迅速活跃起来,就好像我开启了一个按钮一样。大家在活动结束的时候不是无精打采,而是在兴奋地交谈。原因很简单:有几个我们在黑板上写下的问题极大地挑战了我们现有的认知,并且出乎意料地为潜在的解决方案提供了空间。

这是我第一次用头脑风暴的方式提出问题,而不是寻找答案。我当时灵机一动,也许是因为我一直在阅读并反思社会学家帕克·帕尔默早期关于通过开诚布公的询问进行创新性思考的著作。但是自此以后,我在许许多多的课程中应用了该方法,并不断加以改进。事实上,每一次应用这种方法,我都发现氛围变得热烈,创新思考也活跃起来。这究竟是怎么回事呢?

经过多年的思考,我意识到原因其实很简单,那就是这种方法可以为大家创造一个摒弃惯常行为准则的空间,鼓励大家突破常规。从更广泛的意义上来讲,这种小范围练习使我明白,突破性思维并不仅仅是高级的大脑灰质的产物,它也不仅仅取决于人们大脑的认知过程。从某种程度上来看,这与人们所处的环境有关,即使当前环境不尽如人意,我们也可以把它改造成问题友好型空间。

环境的影响

我们需要对环境的重要性进行阐释,因为这并非大家的共识。在解释人们的行为方式时,大家可能会求助于不同的哲学阵营。不管你是否读过黑格尔、马克思或波普尔(Popper)之间的争论,你都有可能会认为人们的思维取决于他们的环境,或者会超越他们的环境。我经常和导师兼朋友克莱顿·克里斯坦森探讨这个问题。

我在前面的章节提到过克里斯坦森,许多读者也知道他是

《创新者的窘境》(The Innovator's Dilemma)的作者,他在该书中探讨了大企业经常被后起之秀击败的问题。他坚信行为,即人们下意识做出的行动和决定,是不能与周围环境割裂开来的。他举例指出,一些国家试图把资本主义民主输送到并没有此类传统的国家去,往往会遭遇失败。克里斯坦森认为,这些努力之所以失败,是因为输入地没有合适的大环境,并非人人能够自觉遵守法律、珍视契约、尊重他人的权利和财产。因此,我们应该把重点转向这些前提。问题变成了:应该成立或加强什么样的制度,来培养人们的这些本能?

克里斯坦森也一直都相信提出正确问题的力量。他讲述过一个自己顿悟的故事,当时他还是哈佛商学院的学生。一天,在听到一位同学对某个案例分析做出精彩评论后,克里斯坦森意识到这跟他自己的分析角度完全不一样。于是,他默默思考:他们提出了什么样的问题,才得出了如此了不起的洞见?自此之后,他在准备讨论的时候,都会强迫自己不要一头扎进研究解决方案的过程中,而是要先停下来思考。他说:"我逐渐意识到,这一罕见而珍贵的技巧就是提出正确的问题。一旦完成了这个工作,找到正确的答案就是水到渠成的事情了。"

直到最近,我们才把这两个理念合二为一。在反思我们在《创新者基因》(与杰夫·戴尔合著)一书中的研究时,我们回忆起,关于创新领导者的采访数据表明,他们特别喜欢提问,尤其是提出能够挑战现状的问题。虽然这看起来是与生俱来的特性,是DNA(脱氧核糖核酸)的一部分,但是克里斯坦森并不赞同。

也许这仅仅是在某些地方才能够出现或奏效的行为之一。如果你希望进行更多富有成效的提问，那么你就需要创造有利于提问的环境，而不是去聘请更多喜欢提问的员工。[1]

"人是环境的产物"并不意味着人们没有主观能动性，也不意味着他们只能被比自己更强大的力量影响。事实上，感知周围的环境并适应环境是一个非常理性的过程。比如，大型组织的激励体系便是员工所处的环境之一，以往成功或失败的案例都会成为他们的参考。这些文化和环境都是由人创造的，我们可以对它们进行有意识的设计和改变，从而带来截然不同的结果。

了解了这一点，我便意识到一些大型组织的领导者的思路和行动是多么重要：他们认为企业繁荣发展的关键在于不断地做出改变，而不是一成不变。这让我立刻想到了网络鞋类零售商Zappos的首席执行官谢家华（Tony Hsieh）。我曾经亲自在"羊驼城"（Llamapolis）体验过几天，这是谢家华在拉斯韦加斯市中心的一个废弃停车场里建立的时髦拖车公园，我深深感受到他绝对称得上是空间创造者。公园入口的通道上点缀着节日彩灯，告诉访客们它有别于周围的世界。这里是谢家华的家，也是他的奇思妙想的诞生地，因此他竭力创造一个兼容并包的环境。他关注的是使在这里的30个拖车和小房子中工作生活的各色有趣居民和访客之间的"创意碰撞"最大化。他们之间的交流是随机的，但是谢家华在设计园区之初就进行了精心思考，尽量使人们有更多的接触机会。

谢家华在许多层面上对重置人们的交流环境进行了思考。在

第3章 "问题风暴"的效果如何

管理领域，他以"合弄制"（Holacracy）试验而闻名。合弄制管理模式与金字塔型或其他传统工程结构组成的官僚体系截然不同，它是一个通过相互依赖的个体间持续的、充满活力的互动实现成功的生态体系。这是谢家华为 Zappos 设计的体系，任何曾经就职于其他组织的员工来到 Zappos，都可以感受到它的与众不同。在城市复兴层面上，谢家华也有自己的想法，他雄心勃勃地来到拉斯韦加斯，希望能够改善这个城市的创业氛围，使之成为创新型创业企业的温床，以及吸引理查德·佛罗里达（Richard Florida）所谓的"创新阶层"的磁石。在亚马逊收购了 Zappos 之后，他拥有大笔资金来完成这项任务，他资助了当地的企业和非营利干预组织。当然，这一试验的确引发了一些争议，谢家华也在不断调整自己的思路，但是没有人能质疑他对这一理念的热情和投入：如果你希望人们的行为有所变化，那么首先你必须改变他们所处的环境。和他建立拖车公园的理念相似，他认为拉斯韦加斯市区的公共和商业空间也应该最大化地实现非常规交流，从而激发人们的灵感，带来他所谓的"碰撞的回报"。

▶ 图 3-1

当问号变得如此之大时，生活会变得很美好

▶ 图 3-2

米格尔·埃尔南德斯（Miguel Hernandez），Zappos 的一位全职驻园艺术家、非常规提问区域设计者

▶ 图 3-3

一位享有平等权利的居民正在探索谢家华位于拉斯韦加斯市区的时髦拖车公园——"羊驼城"

▶ 图 3-4

"当你排除了所有的不可能，剩下的无论多么不可思议，它肯定就是真相。"——斯波克（引自夏洛克·福尔摩斯）

第 3 章 "问题风暴"的效果如何　　057

▶ 图 3-5

在 Zappos，你的奇思妙想也许会在一个盒子中产生

▶ 图 3-6

我问我在 Zappos 的向导克里斯滕："在哪里拍照比较好？"她微笑着回答说："你是尊贵的客人，赫尔。你想在哪里拍照呢？"啊哦，我感到一丝不安，因为她无意间让我意识到了自己的"取悦症"。克里斯滕·安德森（Kristen Anderson）拍摄

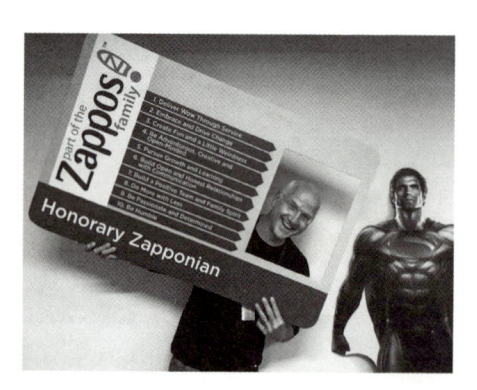

如何开展"问题风暴"：一场小规模重置

相比之下，我的"问题风暴"活动的规模更小，也更加随意。但是，这种方式在经过慎重设计之后简单有效，它创造的条件值得我们进行详细讨论。无论是作为个体还是群体的一员，如果你在寻求自己关心的问题的新见解，那么你可以试试这种

"问题风暴"活动。下面我将对其进行详细介绍,它包含三个步骤。

第一步:搭建舞台。首先选择一个你非常关注的挑战。也许你经历了挫折,也许你隐约感觉机遇就在前方。你该如何判断这是不是一个只要提出正确问题就可以实现突破的难题呢?用财捷集团首席执行官布拉德·史密斯的话来说,如果它让你心跳加速,那么这就是个不错的选择。你将全力聚焦这个挑战,并且想要求得别人的帮助。

接下来,邀请几个人帮助你从新的角度来分析这一挑战。你可以自己完成这个练习,但是邀请别人会给你带来更广阔的知识面,并且帮助你维持积极的心态。当你邀请别人参与问题风暴时,你其实也在寻求共情和支持,这不仅将直接促进新想法的产生,最终还将有助于它的实施。你最好邀请2~3位与你在对这一问题的看法、思维模式或世界观方面截然不同的人加入这一活动。他们将会提出你想不到的问题,那可能是出乎你的意料并且让你难以接受的问题,因为他们对这一问题没有形成固化思想,而且与当前状况没有利益冲突。他们更有可能提出尖锐的问题,指出被你忽略的重要情况。

召集好伙伴之后,你需要花两分钟时间向大家解释一下问题。既然你已经费心费力地招募到了愿意伸出援手的人,那就不要在从他们的思维中受益之前,用自己的既有想法影响他们的思想。人们往往认为他们的问题需要详细的解释,但这是因为他们已经对此进行了深入探讨。快速分享挑战的好处在于它不会限制或引导提问。因此你只要抓住重点就可以了：告诉大家如果问题得以解决，情况会如何变得更好。你还要简要地说明你陷入僵局的原因，也就是为什么这一挑战还没有被解决。

在开始提问之前，你要明确两条重要规则。第一，请大家仅仅贡献问题。你要告诉大家，如果有人试图提出解决方案，那么你这个头脑风暴的领导者将会打断他，并且请他回到提问的轨道上。第二，不允许使用导入语。无论长短，解释和细节都具有引导作用，而这正是你想避免的。

你还需要快速评估一下自己的情绪状态。现在思考一下，你对这一挑战的感受是积极的、中性的还是消极的？记下你的基准情绪，完成这一过程只需要不到 10 秒钟。活动结束之后，你还需要再一次进行评估。这些评估都是很有必要的，因为情绪会影响创新能量。请记住，这一活动不仅能激发出宝贵的新问题，还能提升你的情绪，从而增加你听取建议的可能性。

第二步：生成问题。现在大家已经大体了解了问题和活动规则，接下来你需要设置一个定时器，并让大家用 4 分钟的时间进行集体头脑风暴，提出各种新奇、尖锐的问题。和所有其他头脑风暴的规则一样，所有人都不可以批评他人提出的想法。你的目标是在纸上记下至少 15~20 个问题（最好记下原话以便事后查询）。

为什么要设置 4 分钟和 20 个问题这样的规定呢？这些数字有什么魔力吗？答案是否定的，但这样的规定是有一定道理的。时间压力会迫使参与者坚持"只提问题"的原则。我经常发现，有些人很难抑制在别人提出问题后进行回答的冲动，即使有4分钟的时间限制也是如此。比如，有一次在一家制造企业，一个小组提出了一些关于供应链的问题，小组中的一位经理不断地作答，不知道他是想要辩解还是炫耀自己的知识。这种冲动是可以理解的，但是这一活动的重点在于量。参与者回答问题降低了达成提出20个问题的目标的可能性。而且，如果人们专注于提出更多问题，那么他们就更有可能提出简短坦率的问题，不会过多考虑自己的资历，也不需要做出全面的解释或精心雕琢自己的语言。

在这4分钟内，你需要写下所有人的问题。记下他们的原话并且请大家监督，因为你有可能下意识地过滤掉自己不喜欢或没明白的问题。在记录的过程中，你也可以加上自己的问题。这样可能会揭示你分析问题的习惯性模式。著名组织行为学家卡尔·韦克（Karl Weick）喜欢说："在我脱口而出之前，我怎么知道自己的想法呢？"这句话同样适用于此。

定时器响起之后，你需要再做一次情绪评估。现在你对这个挑战感受如何？你有没有比4分钟之前更加乐观？如果答案是否定的，而且条件允许的话，你就可以重新再来一次，或者休息一下，第二天再尝试。你也可以重新选择活动参与人。研究表明，当人们处于积极的情绪状态时，他们的创新性问题解决能力更强。我认为，问题风暴的力量之一便是帮助人们消除陷入僵局的消极情绪，从而提升人们应对挑战的信心。

第三步：展开问题。你的伙伴们已经各尽其职，你也应该感到信心倍增。接下来，你要独自研究记录下来的问题，尤其要注意那些提出了新思路的问题。在80%的情况下，这一活动会使你得到至少一个能够重塑挑战并提供解决方案的新角度的问题。你可以选择几个有启发性的、有别于你惯常做法的问题。下面几个标准可以帮助你进行甄别：你是否从来没有想到过这个问题，或者别人是否从来没有向你提出过这个问题？你是不是真的不知道该如何回答这个问题？这个问题是否会引发积极或消极的情绪变化？也就是说，你需要对这些问题进行新鲜度测试、诚实测试和情绪测试。

现在，你可以试着把这些问题进行拓展，思考它们的相关问题或后续问题。此时，我们可以借用丰田创始人丰田佐吉提出的"5个为什么"以及斯坦福教授麦可·雷伊（Michael Ray）在《这一生，你为何而来》（*The Highest Goal*）一书中提出的类似经典方法：问问自己你选择的问题为什么很重要，你刚刚给出的原因为什么很重要等。重点在于不断拓展问题的空间，从而扩大可能的解决方案的范围，并坚定你解决问题的决心。

最后，你要专注于探索，追求至少一条你发现的新道路，做一名真相寻求者。我在此处借用了美国航空航天局工程师亚当·施特尔茨纳（Adam Stelzner）对于在喷气推进实验室工作的描述，"疯狂"的专业人士在那里从事使机器人探测器登陆火星之类的工作。不要去想哪些结论比较容易让人接受，也不要去想哪些结论容易被付诸行动，要专注于如何解决问题。你可以设计一个近期行动计划：你打算在未来三个星期内采取何种切实措施，来探寻新问题提出的潜在解决方案？

最近，某家公司的一位管理人员在参加了问题风暴后，决心回去查明一些事实。他领导着4个部门，其中一个部门的表现一直与众不同，这让他深感困惑。在活动过程中，他意识到自己一直下意识地认为，创始人在公司创立之初就给这个部门设立了不同的财政补偿计划，从而营造出了不同的部门文化。但事实是否如此？他把"找创始人核实"写进了自己的计划表。结果让人大跌眼镜：这不仅根本不是他们想营造的文化，而且他们在得知这种文化的存在后大为不安。事实证明，这些问题风暴活动可以促使人们采取一系列的干预措施，以应对不良行为。

这就是我多年前创造并且在不断改良的问题风暴活动。但是，新洞见的产生真的有这么简单吗？任何愿意参加这一简短活动的人都可以重塑某个重大的挑战，从而改变人生吗？

一方面，我想说是的。本书告诉我们，如果大家能够定期参与问题风暴活动，那么我们都更有可能提出创新性解决方案。我们可以把它看作一个数字游戏，大部分问题可能都平平无奇，但是只要重复的次数足够多，那么伟大问题出现的概率就会大大增加。我建议针对每项挑战至少进行三轮问题风暴活动。比如，最近我收到一家全球软件公司高管的邮件，她决心用一系列的问题风暴解决一个长期存在的管理问题。她写道："在结束第三轮活动之后，我感到非常乐观，问题变得更加深入了。"事实上，这一系列的活动表明她最初对问题的理解是肤浅的，而在活动结束之后，她找到了更加有意义的挑战。

同时，这一活动需要的成本几乎为零。乔纳森·克雷格（Jonathan Craig）是金融服务公司嘉信理财（Charles Schwab）的执行副总裁，这家公司的品牌核心就是"问题的力量"，因为该公司的团队意识到他们最好的客户正是那些善于提问的人。就像克雷格所说的那样："仅仅是提出一个问题就可以大大地推动事情的进展，这真是令人难以想象。"他解释说："我经常和自己的管理团队进行这个活动。当我们遇到重大问题或重大挑战时，我们不会试图给出解决方案，而是花15分钟在黑板上写出所有我们希望解答的问题，从而为提出最终方案提供帮助……作为领导，用这种催化提问的方法或其他方法引导员工积极提问，会给你带来更好的结果。这样的例子数不胜数。"

事实上，这一过程可以增加你重塑问题并使之更有价值的机会，这一点已经得到了验证。我曾经与无数个企业团队，包括阿迪达斯、香奈儿、可口可乐、达能、探索频道（Discover）、安永会计师事务所、美国富达投资集团（Fidelity Investment Group）、基因泰克（Genentech）和通用汽车公司，与非营利组织（比如联合国儿童基金会和世界经济论坛），并与我培训过的高管都进行过此类实践。无论是在工作中还是在生活中，这种方法都可以迅速为你带来新的解决问题的视角，而且如果你在大型组织内定期举行这种活动（针对同一问题至少和不同小组进行三次问题风暴），那么它还可以帮助团队创造一种集体解决问题和寻求真相的文化。

但是另一方面，我要承认这种活动并不一定适用于所有场合。詹姆斯·狄龙在《提问与指导》(Questioning and Teaching)一书中对此也有论述："我们很可能想要把一些新奇的提问技巧带回公司，作为访问学习的纪念品。但是这些技巧还是留在它们诞生的地方比较好，那是它们可以发挥效用的地方。如果我们回到公司之后还使用一些奇特的方法，这会显得很荒谬。我们能带回去的最好的东西就是思想——能够激发实际行动的理念，这让我们得以重新思考如何使提问服务于自己公司的具体情况。"[2]

我对此表示赞同，能够为提问创造空间更为宝贵。大家应该努力寻找营造提问环境的恰当方式，以便提问能够在工作和生活中更加普遍。问题风暴效果的达成需要组织者提供有别于日常的环境，使得参与者暂停自己的惯常做法。这是一次性会议，而不是完整的解决方案。但是，如果通过人为营造有效的环境，这一活动能够使人们更加珍视问题，并更加深入地思考有利于提问的环境，那么它就可以产生持久的影响。我们还应该秉承自愿的原则，使得更多问题可以自然出现。

"问题风暴"前后的情绪

过去几年中，我使用Argomento调查软件从1 500多名领导者那里搜集了关于他们使用问题风暴的体验的数据。其结果印证了我在过去20年中使用举手回答的方式对超过10 000名课堂、团队建设活动和大会参与者进行调查所得的结论。首先，我请大家分别在 4 分钟的问题风暴之前和之后，迅速在 App 中输入几个最能反映自己对当前挑战的感受的词语。下面是由这些数据生成的词云图。

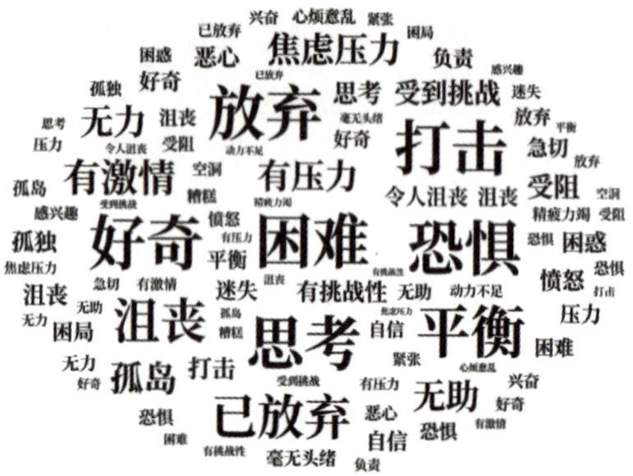

▶ 图 3-7

参与者在问题风暴之前对当前挑战的感受

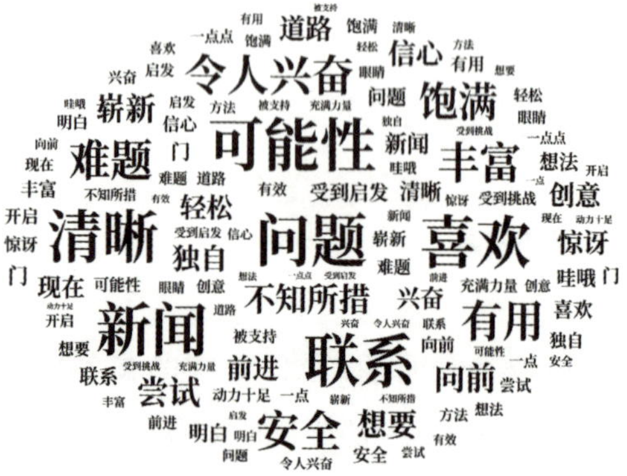

▶ 图 3-8

参与者在问题风暴之后对当前挑战的感受

我们通常在会议将要结束的时候向大家展示两张词云图结果，大家往往会对活动前后的差异感到震惊。当人们被直接问及他们的感受在问题风暴之后是否有改变时，这种情绪变化也很明显。大多数人都认为自己对正在应对的挑战至少乐观了一些。

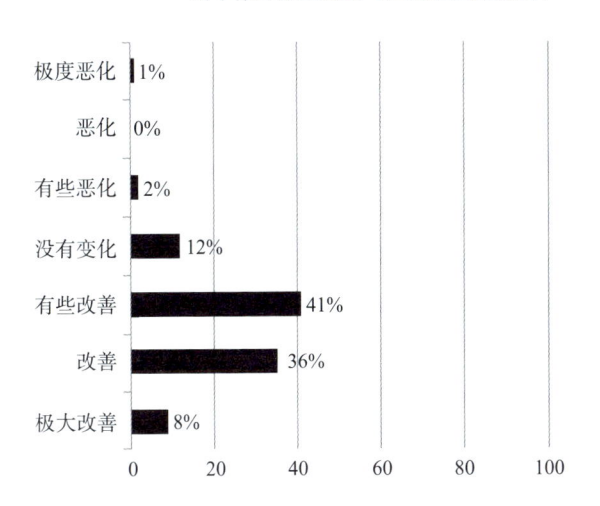

对于你面临的挑战，你的感受变化如何？

感受	百分比
极度恶化	1%
恶化	0%
有些恶化	2%
没有变化	12%
有些改善	41%
改善	36%
极大改善	8%

▶ 图 3-9

参与者对于挑战的感受变化

新观点

只要用 4 分钟时间集中提出问题，大多数领导者就有机会重塑自己面临的挑战。人们在活动前后的观点转变结果如下图所示。

在进行问题风暴之后,你是否重塑了你的挑战?

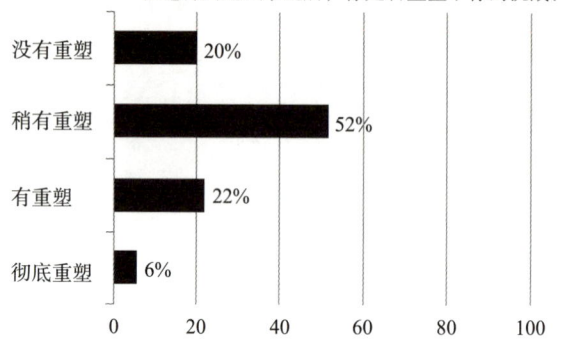

类别	百分比
没有重塑	20%
稍有重塑	52%
有重塑	22%
彻底重塑	6%

▶ 图 3-10

参与者重塑问题情况统计

在进行问题风暴之后,你是否发现了至少一种可能解决问题的新思路?

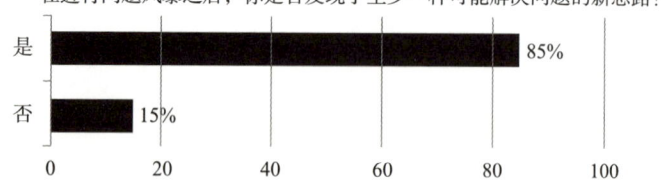

类别	百分比
是	85%
否	15%

▶ 图 3-11

参与者发现新思路情况统计

其他适宜环境

我在上一章的结尾提到，我们中的许多人，也许是所有人，都会在工作和生活中寻求和创造特别的空间，希望以此打开思路。在这些特别的空间中，我们不仅会遇到问题，还可以放慢节奏去注意并解决这些出现的问题。度假胜地、宗教静思处、企业异地活动以及与导师、教练和心理医师的会面都有这样的功效。这也解释了人们每天在繁忙的工作中特意留出来的冥想、散步或泡澡时间的意义。

我的一位朋友马克·威德默（Mark Widmer）认为，人们在非常规场合更可能重塑自己正在应对的问题。基于此种理念，他成立了一家公司，为不同的家庭提供独特服务。他和同事们找到了各种风景优美的地方，从犹他州莫阿布的红岩地形区到意大利的白云石山都被包括在内，他们精心选择不同地点并将其设计成为适合交流的静谧之地。他曾经向我讲述过一对白手起家的夫妻的故事。他们发明了一件很有价值的产品，以它为基础成立了一家公司，生意欣欣向荣。最终他们将公司售出，获利颇丰。一路走来，他们创建了一个大家庭，但是因为出身贫寒，他们感觉自己对于如何避免金钱带来的副作用有很多"未知的未知"。于是，威德默为他们在家以外的地方安排了几次聚会，这种不寻常的活动为他们提出正确的问题营造了很好的氛围。这对夫妇总是担心，把钱留给孩子会毁掉他们的人生吗？遗产会妨碍他们成为好人吗？几次聚会之后，这家人一起把问题变成了这样：了不起的父母会给孩子留下什么,以帮助他们走向非凡之路?和其他伟大的问题一样,这个问题也有催化作用。它指明了新的道路,因为这个问题的答案显然是"家庭价值观",这使全家人行动起来,共同思考并寻找方法传承这些价值观。

在商界,我认为与这种家庭活动非常类似的是团队的异地会议——假设它是以脱离日常杂务、思考长期发展策略为目的。有时候,人们似乎认为没有必要让经理们离开总部大楼,去其他地方开会,但是场所的改变的确可以引发思维模式的变化,也会打破同事间惯常的交流模式。在过去10年中,企业越来越重视创新,对异地会议的设计也越来越精心,希望以此帮助员工聚焦真正重要的问题。

企业软件制造商Salesforce为大客户提供的"点火"活动就是一项有趣的创意咨询服务。它不仅需要提供一个具体的流程,还需要为管理团队营造适当的环境,使之能够就公司的未来达成共识。在这个由6个步骤组成的流程的最开始,参与者的"问题和重塑"活动就是根据问题风暴的方法设计的。比如,在最近的一次活动中,Salesforce的一个团队与刚成立不久的伯克希尔·哈撒韦房地产经纪公司(Berkshire Hathaway HomeServices)领导层合作,试图为实现把它打造成为数不多的房地产经纪授权许可方兼房地产运营商这一目标提出正确的问题。它应该如何确保其销售方式是可靠的关系型(而非交易型)销售?它的一线员工如何超越普通的中介人员,成为令人信任的顾问?伯克希尔·哈撒韦的领导人参加的这些活动使他们有机会从繁忙的日常工作中抽身，评估他们的关键活动是否与公司发展的最重要的优先事项一致。也就是说，他们是否在处理正确的问题？首席执行官吉诺·布莱法里（Gino Blefari）和商业发展高级副总裁克里斯·斯图尔特（Chris Stuart）在给马克·贝尼奥夫的信中表示，这次活动明确的战略的清晰度超出了他们的预期。

Salesforce 公司的一些"点火"活动会在世界各地分公司园区内非常特殊的地点进行。以旧金山 Salesforce 大厦的 61 层为例，它是这个城市的制高点，有着令人赞叹的 360 度全视角美景，也是贝尼奥夫所谓的 Ohana（夏威夷语中的"家庭"）楼层之一。"Ohana 楼层也是我们回馈社会的地方，"贝尼奥夫说，"宗教团体、非营利组织、非政府组织和学校都可以在它被闲置的时候使用它。"

为什么夏威夷语会成为 Salesforce 企业文化不可分割的一部分？这背后有一个故事，而且和提问有关。马克·贝尼奥夫是在一个非常适合提问的环境中产生创立 Salesforce 的想法的。那是在 1999 年，当时还没有所谓的企业云软件服务，所有的大型企业都有庞大的 IT（信息技术）组织，负责购买、安装企业所需的庞杂的软件和硬件。那时，科技界所有人都对两家基于网络、以消费者为导向的企业的成长感到惊讶：亚马逊和易贝。作为甲骨文公司（Oracle）的一名高管，贝尼奥夫工作繁忙，身心俱疲。因此，他请了很长一段时间的假去夏威夷休息。他在那里整日与当地人交流，和海豚一起游泳，让自己的思绪肆无忌惮地漫游。有一天，一个问题突然浮现在他的脑海中：既然现在已经有了互联网，我们为什么还要像以前一样加载和升级软件并运行自己的硬件呢？考虑到互联网能够使我们如此简便地相互联系，那么软件为什么不可以由产品变成一种服务呢？在夏威夷的时光和那个灵光乍现的问题使他的生活发生了翻天覆地的变化，也成就了这家在2018财年收入超过100亿美元的公司。

  自此以后，贝尼奥夫便大力提倡在考虑解决方案之前重塑问题。事实上，他还提出了五大问题，每当讨论Salesforce的产品或运营模式的时候，他便会敦促团队对此进行思考。这5个问题是，我们真正想要达到的目标是什么？对我们来说，真正重要的是什么？我们应该如何实现目标？是什么阻碍了我们达成目标？达成目标的标志是什么？这5个问题使得大家重新思索愿景（Vision）、价值（Values）、方法（Methods）、障碍（Obstacles）和衡量标准（Measures）。现在，V2MOM已经成为大家耳熟能详的术语。贝尼奥夫在采访中给出了如下解释。

  创新过程包含了大量的提问环节，然后才是倾听。Salesforce的成立基于一个简单的问题：为什么在亚马逊网站购买企业软件不像购买书籍一样简单呢？然后我们对此进行了拓展。我们观察到人们通过社交媒体沟通合作，也看到了移动设备的普及。于是我们提出：为什么不是所有的企业软件都像脸书一样使用简便呢？几年前，我们发现应用软件越来越智能，于是我们想：我们应该如何使企业软件更加智能？我们观察着世界的变化，然后发问：我们应该如何把它们应用在新的领域中?

明亮宽敞且有着海天一线美景的 Ohana 楼层便是贝尼奥夫竭力创造的易于提问的空间。"如果你希望人们打破常规思维，"Salesforce "点火"团队的诺厄·弗劳尔（Noah Flower）陪我参观 Ohana 楼层时解释说，"你就需要让他们置身于非常规地点。"与此同时，该楼层也在不断提醒大家，公司是基于创新成立的，而且必须不断地创新。这个楼层不只限于管理层使用，它是大家都可以利用的资源。贝尼奥夫希望大家在使用它的过程中可以领会这一信息：一切都始于提问，各位仍需不断提问。

对我来说，Salesforce 是个有趣的组织，贝尼奥夫是个有趣的领导者，因为他似乎在从各个维度努力营造有利于催化性问题诞生的环境。还有一个有趣的故事讲述了 Salesforce 的另一项尝试。Salesforce 公司的内部协作平台上有一个聊天群——"不满发泄群"。这听起来似乎不像是公司为内部社交媒体论坛起的名字，事实也的确如此：它是由员工自发组织建立的。大家需要发泄情绪的时刻很多，员工对工作产生抱怨或者工程师们遇到难题需要同行帮助时，都会在群里发布消息。Salesforce 的几位高层管理人员发现之后告诉了贝尼奥夫，并且建议他采取一些干预措施，比如关闭该群。贝尼奥夫则让他们把该群的消息显示在大屏幕上给他看看。他看了一眼后立刻做出决定："你们是在开玩笑吗？这正是我需要的。"Salesforce 的企业资讯高级副总裁艾尔·法尔乔内（Al Falcione）告诉我，贝尼奥夫甚至养成了一个

第 3 章 "问题风暴"的效果如何

习惯，他在向客户公司的首席执行官们做产品展示时，总会打开不满发泄群的页面。法尔乔内有些担忧，他不止一次地提出："马克，你真的要把那些消息显示在大屏幕上吗？你可不知道大家现在正在抱怨些什么，你真的要向其他的首席执行官们展示吗？"但贝尼奥夫认为："这是我和公司员工交流的方式。我可以从头看到尾，我可以了解每个人的问题。"他感觉自己与员工的联系因此变得紧密，所以他希望其他的首席执行官也能够安装此应用，并从中受益。大家也许会以为Salesforce的员工在抱怨时不知道老板正在关注，不过事实并非如此。贝尼奥夫偶尔也会加入聊天，而且他还在他有百万粉丝的推特账户中表示"我最喜欢的Salesforce内部团体就是不满发泄群"。

  Salesforce通过几种机制来确保大家持续提问。在大多数公司中，进行问题风暴等活动使员工被动提问并不容易，但是Salesforce对此类活动的应用非常广泛。贝尼奥夫希望提问能够成为一项惯例，而不是偶然的行为。他在公司上下努力营造提问氛围，使自己和同事们能够自然而然地提出问题，而不是一定要在特定环境中才能实现。

  我在皮克斯、亚马逊、安永会计师事务所和嘉信理财遇到的人们都是如此。也许他们从来没有低估过在公司内营造有别于其他组织和生活中其他方面的氛围的难度。但是这些领导者有相当大的影响力，而且明白组织的未来取决于创新，因此他们必须全力以赴。

超越提问

在艾德·卡特姆的领导下,为大家带来《海底总动员》《寻梦环游记》《超人总动员》等杰作的皮克斯公司也成了提问的乐土。卡特姆现任皮克斯和迪士尼电影工作室总裁,是皮克斯的创始人之一。我曾经在加州爱莫利维尔体验过一段时间,与员工交流,观察他们的一些制作流程和操作。我发现,催化性问题在这里出现的平均比例远高于其他组织。卡特姆一直非常努力,这激励了其他领导人从公司建立之日起,就创造了开诚布公、直言不讳的文化。尽管如此,卡特姆还是敏锐地察觉到催化性问题的提出并非易事,因此他和同事们非常谨慎地添加了具体的、结构化的、有目的的场景,让创造性提问蓬勃发展。

皮克斯公司的"智囊团"就是一个完美的例子。在电影制作过程中,导演们可以自愿召开反馈会议,听取同行们纯粹的、不加任何掩饰的意见。这种经历可能会让人感到非常崩溃,因为皮克斯员工一直强烈地认为,导演们应该选择那些他们自己能够与之产生情感共鸣的故事。这的确使导演们为皮克斯贡献了众多经典作品,但这也意味着他们将自己的脆弱暴露无遗。一位制片人告诉我:"在导演们结束'智囊团'活动之后,我们用大概半个小时做了一个简短的回顾,然后我就让他们回家休息了。他们需要休息,因为听取反馈并不容易。即使知道自己即将经历什么,他们还是很容易把反馈看作对个人的攻击。"

参与反馈活动之后人们竟然需要回家休息,这听起来也许非常残酷，但事实并非如此。所有人都知道，"智囊团"活动现场是个特殊的地方，有着特殊的规则。所有参加活动的人都知道，提问的出发点必须是使创意更加完美。活动的过程中也有很多精心的设计，使得"智囊团"活动能够尊重导演的情感投入。

除了"智囊团"，皮克斯还特意设计了其他空间和活动来加强创新性提问、洞察力以及影响力。其中一项已经进行过几次的重要活动就是"笔记日"。这一灵感源于电影业的一项悠久传统：公司高管定期观看正在拍摄中的电影，然后以笔记的形式给出反馈意见。"笔记日"采用了这一传统做法，并且将其拓展到了评估公司管理层面，它审视的是公司的战略（而非某部作品）是否需要稍作调整或推倒重来。"笔记日"也是因为一个问题开始的，对此你可能并不会感到惊讶。《勇敢传说》的制片人凯瑟琳·萨拉斐安（Katherine Sarafian）向我描述了皮克斯的高层领导在索萨利托的卡瓦略岬会议中心举行异地会议的情景，他们讨论的是公司如何在保持高水准的同时控制成本的问题。"那是2013年1月19日，也是我们提出为什么不在公司开展'智囊团'活动的日子，"她回忆说，"如果我们停业一天，让所有人就公司的发展出谋划策会怎么样？如果——且慢，我们现在就开始吧！"[3]

这个想法是由皮克斯的软件研发主管圭多·夸罗尼（Guido Quaroni）首先提出的，但是很快就交由萨拉斐安付诸实践。事实上，萨拉斐安说自从2013年3月开始，她事业的重心就是"实现'笔记日'的承诺"。她在回顾时说，虽然这项工作取得了许多成就，但它还是有很多可以改进的地方。尽管公司已经根据员工的建议落实了几百项积极的举措，但是2013年异地会议上的一些重大问题依然没有得到解决。尽管如此，她仍然感到很自豪。"那是个值得纪念的日子。那天我们关上公司大门，把问题摆上桌面。我们满怀求知欲，只想知道自己怎么才能更好地工作，更好地运营，并且变得更加高效。"意料之中的是，萨拉斐安提到自己在这一过程中更加深刻地意识到问题的力量，而且更加频繁地将提问应用到自己的团队中。她还提到自己看到了"艾德·卡特姆抽丝剥茧式提问和询问方法带来的积极成效和结果"。

这一评论正是我想说明的关于皮克斯公司的最后一点：领导者在塑造行为时具有不可否认的影响力，他们的亲身示范会为员工们树立成功的范例。能够创造持久的提问文化的并不是"智囊团"或"笔记日"这种具体的活动，而是那些真正相信提问的重要性的领导者施加的持续的、积极的压力。这是促使公司不断推出一系列旨在提升创新能力、验证假设的试验的动力。当然，可能只有一部分试验成功，但是总体来看，它们会提高公司的提问率。我对皮克斯印象最深刻的一点就是，这个公司已经成立30年了，但是艾德·卡特姆依旧没有觉得自己已经大功告成，没有认为一个提出问题的永动机已经被成功建造出来了。卡特姆知道，即使是在这样一个以创新思维和原创性为根本的公司中，专门的提问空间仍然是必要的，所有皮克斯人都必须有意识地持续支持提问活动。

▶ 图 3-12

在皮克斯的停车场漫步时，我不禁在想，下一个出现在这个汽车备胎罩上的动画形象会是什么

▶ 图 3-13

《怪兽大学》的导演丹·斯坎隆（Dan Scanlon）跟我分享了他作为电影从业人的感触："在早期，电影是需要呵护的蜡烛，因为它们当时还没有发展成熊熊烈火。"

▶ 图 3-14

皮克斯爱莫利维尔园区内每一处设计的出发点都是加强创造性思维。在你进入史蒂夫·乔布斯大楼之前经过这个世界上最大的洛克斯台灯时，你肯定会驻足思考：等等，这是什么

问题即答案　　078

▶ 图 3-15

看到众多熠熠生辉的奥斯卡奖杯,所有访客肯定都会惊叹不已。每一个奖杯都反映了无数的催化性问题如何在这里创造了引人入胜的故事情节

▶ 图 3-16

日暮时分,我站在皮克斯桥上,巴斯光年"飞向宇宙,浩瀚无垠"的口号仿佛在我耳边响起

安全的"不安全空间"

问题之所以会在我描述的环境中浮现出来,在某种程度上是因为组织的总体氛围在某些方面发生了变化。它向大家表明,提出问题是一项值得关注的宝贵活动;它迫使人们延长提问的时间,而不是一头扎进寻找答案的过程中;它使得人们有了能够暂时脱

离自己眼前工作的空间，从而丰富了他们看待某个问题的视角。在一个对具有破坏潜力的思维和思想者充满敌意的世界里，这些特意构建的空间便是安全的提问空间。

这个"提供安全空间"的理念相当宏大，而且颇有争议。许多人很排斥它，因为他们总是会联想到那些经常出现在大学校园里的呼声，即有些人要求与自己政见不同的人停止提出质疑。更令人不安的是，这类人有时候要求的是与其他种族、民族或者宗教的人隔离。就像《洛杉矶时报》的一名专栏作家评论的那样："学生们不断要求保护，使自己不受校园中令人不快的想法的侵扰，比如所谓的'敏感警报'。而现在他们甚至要求在身体上也与他人隔离开来。一些团体声明，自己的福祉取决于是否和同类人生活在一起。"[4] 我所说的安全空间和这些抱成一团或者希望生活在回声室中的团体毫无关系。我倡导的是创造一个空间，让人们能够大胆接收不确定信息，让出现在他们面前的问题，也许是被看作离经叛道、不合时宜或怪诞不经的问题，能够被表达和听到。这些是超越安全舒适区的探索空间。

群体心理治疗师就是众多营造提问安全空间的大师之一。《群体心理学专业能力》（*Specialty Competencies in Group Psychology*）一书的作者萨莉·巴洛（Sally Barlow）便是一位专家，她对于如何营造恰当环境以帮助客户从全新角度面对自己的挑战，进而找到更富成效的解决方案有着深刻的见解。当然，这在很大程度上依赖于她精心设计的问题，但是突破往往发生在客户意识到自己原本提出的问题需要调整的时刻。她告诉我，有一位女士在加入治疗群体时希望搞清楚"为什么大家都不喜欢我"。在群体环境中提出这个问题并非易事,这也正好证实了巴洛创造的空间为这位女性提供了安全感。其他成员的问题也随之而来。有人提到这位女士在活动中的某个举动让大家感到反感、气愤。她是否注意到别人在暗示她的行为越界呢?巴洛说,这位女士在结束疗程之后,把自己的问题改成了:"我怎样才能更好地意识到自己一些下意识的行为会引起别人的反感?"这样她便有了一个着手点。"后来,"巴洛说,"她真的变了,开始关心自己对他人的影响。"

也许"安全空间"这个概念在管理界出现的频率并不高,但是《无畏的组织》(The Fearless Organization)的作者艾米·埃德蒙森(Amy Edmondson)所做的关于有效团队动态的研究与此息息相关。在一项被广泛引用的研究中,她追踪调查了一家大型制造企业的51个工作团队的表现,发现了学习、工作效率最高的团队的行为模式。她根据这些发现提出了团队心理安全的概念——一种团队成员对于团队是安全的人际交往空间的共同信念。埃德蒙森明确表示,团队心理安全并不是团队凝聚力,因为研究表明,凝聚力会使团队成员不愿挑战他人的观点,这一点可以体现在群体思维现象中。安全也不简单等同于团队的放任态度或者"持续不断的正面反馈"。事实上,安全感的关键在于团队成员"认为团队不会因为自己的大胆建言而感到尴尬、排斥或对此加以惩罚"。[5]

在管理研究中,员工创造力的来源一直是一个热门话题,研究结果通常表明这与人际交往有关。比如20世纪50年代，作为美国电话电报公司（AT&T）研发支柱的贝尔实验室正如日中天，推出了众多突破性创新。实验室的一位科学家蔡平·卡特勒（C. Chapin Cutler）后来曾回忆起美国电话电报公司专利部门的比尔·凯夫沃（Bill Kefover）在一次发言中讲的一件逸事。

有一次，专利部门的员工做了一项研究，调查创新的起源。有创造力的人们有什么特点？我们对他们进行了调查，想要找出他们与众不同的地方。结果显示，他们在宗教方面并没有共同之处，在毕业院校或教育背景方面也没有独特之处。虽然他们大多来自名校，但是他们的背景千差万别：肤色、家庭背景等。我们发现贝尔实验室的创新者的唯一共同点就是，他们中的大多数人都曾与哈利·尼奎斯特（Harry Nyquist）共进早餐或午餐。

蔡平对这个故事记忆犹新，这是因为他也曾与尼奎斯特共进午餐，对此深有感触。"尼奎斯特思维很活跃，有很多问题，"他说，"他总是循循善诱，引导人们思考。"[6]

最近一项对创新公司员工的研究也引起了广泛关注，那就是谷歌公司的"亚里士多德项目"。它调查了公司内部数百个团队，寻找成绩斐然者的与众不同之处。据《纽约时报杂志》报道，调查结果大大出乎研究者的预料，因为关键之处不在于智商，也不在于勤奋，团队成功最主要的因素是心理安全。[7]

为自己和他人创造有利条件

在本书的前两章中,我论述了问题是解锁洞见的钥匙,同时也指出我们对问题没有给予足够的重视,这真是令人遗憾。事实上,整体环境不鼓励我们提问,我们自己也不愿意提问。我还提出,问题之所以不断浮现出来,是因为有人创造了适合提问的环境。本章对此进行了进一步的阐释,指出可以提出问题的空间需要有别于常态的氛围。我想在本章阐述的最后一点是,个人可以通过三种方式进入这种创新环境。

第一,你可以有意寻找更多适合提问的环境。从个人层面来说,一次辅导或治疗,一次休假,甚至一次露营都有可能符合要求,它们都可以创造出一个有别于日常生活的安全空间。我的朋友莫琳·希凯(Maureen Chiquet)在成为香奈儿的首席执行官之前,还曾经担任过盖璞(Gap)和香蕉共和国(Banana Republic)的总裁。她曾在一个周末换下自己的真丝镶边花呢外套,来到一家马场,听马语者介绍"以马匹为辅助手段的生活指导"。出乎她意料的是,这次体验竟然产生了深远的影响。她开始反思自己作为领导者的责任,并召集了其他高层领导参与一项历时好几年的培训项目,其中就包括参观同一家马场。

第二,你可以在自己周围营造这种环境——不仅为自己,也为他人。几十年前,我在工商管理硕士课堂上让学生们切换为提问模式就是一个例子,自那以后我还不断对此进行改进。罗德·德鲁里(Rod Drury)是全球增长最为迅速的软件服务公司之一Xero的创始人,他利用企业社交媒体工具为这家位于新西兰的公司创造出了类似空间。他不仅浏览别人的帖子,而且会分享自己的战略思考和市场情报,并且鼓励公司的所有人——哪怕是10分钟之前刚刚入职的新员工——提出问题、提供建议或指出不再符合现实情况的假设。

安永会计师事务所的迈克·因塞拉(Mike Inserra)是"逆向指导"的忠实信徒,这种方法把上述思想引入了一个更丰富、更直接的层次。他表示,自己近年来形成的习惯是腾出空间和时间向组织内的年轻人学习,这种习惯在许多层次上改变了他的观念。"事实上,"他说,"这重新编写了我的思维程序。"原因就在于他真的努力了解年轻人分享的观点,甚至在他们直言不讳地提出一些与他的想法大相径庭的概念时,也是如此。别人也许认为这些想法是不成熟的,而因塞拉说:"对话之后,你需要吸收信息、消化信息,然后再重新思考。因为也许我已经理解了某条信息,但是由于与年轻人的经历不同,我需要更多的时间来思索,也需要更多的时间来考虑相关问题或下一步的举措。"在我们的对话中,因塞拉提到许多经理人都有一个习惯,他们会告诉下属:"如果没有想好解决方案,你就不要来告诉我问题。"而因塞拉告诉下属:"只要你有问题,就来找我,但是你要告诉我关于解决方案的思路。"这一点很重要。首先,它能够培养人们解决问题的能力,这毕竟是一项可以学习、提升的能力。其次,如果有人向他讲述自己解决问题的策略,他可能会因此改变自己的思路。"最重要的是,"他说,"这样可以创造人们畅所欲言的环境,从而找出解决方案。"

第三，在你不易改变的日常环境中，你可以从个人角度加大质疑力度。这个概念类似于内观，即有意识地关注当前发生的事情的状态。如果你可以凭借意志拒绝屈服于压制你的想象力和观点的环境，那么你就可以为自己创造一个提问空间。在别人最多偶尔畏畏缩缩提出问题并且几乎不敢自省的地方，你可以挺起腰板，大胆发声。你还可以试探性地向大家提出违反常规的意见，从而听到各种各样的想法。你可以聚焦于自己的态度、活动和行为的变化。具体来说，在态度方面，你可以不再认为自己的直觉和默认答案都是正确的，而是假设自己也有犯错的可能。在活动方面，你可以走出自己的舒适安全区，冒险尝试给你带来挑战的领域。在行为方面，你可以抑制自己表达立场的冲动，用更多的时间倾听。

这不仅是我提出的三条建议，事实上，它们也是我从那些创新思维者身上总结出的经验。在接下来的三章里，我会依次讲述上一段提到的三个方面的改变，而你也会读到他们中的许多人的故事。

"问题风暴"在工作和生活中的应用

最近，我对一家全球非营利组织的首席执行官进行了管理培训。我们首先讨论的是常见的工作问题，但是后来，话题转向了家庭。这位首席执行官表达了对刚满13岁的大女儿的担心。这么多年以来，他一直珍视和女儿的关系，但是随着女儿青春期的到来，他感觉她正与自己逐渐疏离，因此，他担心失去这种亲密的关系。我们决定花几分钟时间做一次问题风暴。下面就是我们在4分钟时间内提出的问题。

1. 我是一个好父亲吗？
2. 我是否花了足够的时间进行倾听，我是否常常想要越俎代庖？
3. 我是否给了她太大压力？
4. 我的监管是否过度？
5. 最让我伤心的是什么，为什么？
6. 她最擅长什么？
7. 我是否意识到了她的长处并且给予她足够的赞赏？
8. 她在哪方面比你更棒？
9. 她的哪些才能是你没有的？
10. 你上一次看着她超过30分钟是什么时候？
11. 当她表达担心时，她的眼神会传达什么信息？
12. 你如何放慢脚步，留意自己错过的东西？
13. 你的日程表中最重要的是什么？
14. 她最担心的是什么？
15. 这些担心对她产生了何种影响？
16. 如果没有你的影响，她会是何种状态？
17. 她独特的独立之处是什么？

18. 哪个国家将会给她的生活带来最大的改变？
19. 她的眼睛何时会发出光芒？
20. 她结婚时你会做些什么？为什么？
21. 她独立于我的最重要的领域是什么？
22. 她最近从自己的经历中学到了什么？

这位首席执行官在提问结束后，立刻重新审视了这些问题，然后我们就父母在女儿生活中的作用进行了深入探讨。我记得我们提到，有些父母在孩子的成长过程中想要掌控他们，剥夺了孩子自主探索的机会，他们对待成年子女甚至也是如此。会谈结束的时候，他找到了自己认为正确的方法："我过去一直关心的是如何不失去她，但是现在我意识到，真正的问题应该是如何在她按照自己意志茁壮成长的过程中给予她支持。我需要做的是让她找到真实的自我。"他这一经过痛苦思考得到的洞见顿时让我热泪盈眶，现在想起依然感动不已。

第 4 章

谁会为错误欢呼雀跃

QUESTIONS ARE

想要正确的问题浮出水面,你必须花更多的时间假设自己犯错。

斯图尔特·布兰德
(Stewart Brand,《全球概览》创办人)

我每天都在思考自己对多少事情的看法是大错特错的。

THE
ANSWER

网络安全创业公司Cybereason的创始人之一、首席执行官里奥尔·迪维（Lior Div）经常思考自己是否有遗漏的问题，或者是否存在完全错误的想法。这正是他在打击网络犯罪行业中如此出众的原因。网络犯罪这个地下世界充斥着"未知的未知"，庞大的黑客军团持续不断地设计新方案，攻击所谓的安全系统。最需要创新思路的非这一领域莫属。

　　网络犯罪数量不断增加，这着实令人担忧。根据调查，仅在2016年秋至2017年秋这12个月中，网络钓鱼的数量就增加了2 200%。网络钓鱼是指犯罪分子向人们发送虚假信息，如果人们点击了其中的链接，他们的设备就会被恶意软件感染。大约有2/3的恶意链接都会安装勒索软件，除非人们交出规定的赎金，否则这种软件会切断电脑上所有文件的访问路径。另外24%的恶意链接是窃取网络银行证书的木马。一份专业分析报告预测，未来几年，网络犯罪每年的涉案价值将达到6万亿美元，这将超过全球所有毒品交易的总额。因此，美国网络安全投资咨询机构

Cybersecurity Ventures 的史蒂夫·摩根（Steve Morgan）认为我们即将迎来"历史上最为重大的经济财富转移"和"未来 20 年人类将面对的最大挑战之一"。[1]

迪维实现创新突破是在他意识到自己所在行业的关注点有缺陷之后。他说，所有人都在努力把坏蛋拒之门外。但是，这个问题有一个隐含假设：坏蛋是在外面的。"问题是，"迪维告诉我，"他们已经进来了。在大多数组织中，当我们采纳某种解决方案时，我们会发现已经有反制措施存在了。"意识到这一点，我们自然就拥有了一个好问题：假设坏蛋已经在内部，你会怎么做？这样一来，你就有了许多不同的解决方案，你应该监控他们的行为，寻找不同黑客的共同特征，然后把这些拼凑起来揣测他们的意图。如此一来，你不会再把网络犯罪看作 IT 问题，也不会再徒劳地被动建造更坚固的防火墙、添加更多的补丁。"我们所应对的问题，"迪维说，"从根本上来说不是技术问题，而是人的问题。每一次攻击的背后都是一个带有目的的对手。"聚焦有人要攻击你这个现实，你的解决方案就会越来越适应"他们非常、非常、非常有创意，而且他们会不断尝试新方法"的事实。

基于这种思路，Cybereason 创建的解决方案是利用机器学习和人工智能实时应对威胁，同时搜集情报，将黑客及其工作方式的相关信息联系起来。这被誉为一项突破性创新。不过你仔细想想就会发现，正是因为迪维提出了正确的问题，这种方案才得以面世。

在后面的章节中，我还将讲述里奥尔·迪维总是假设自己会犯错的习惯及其形成的原因。我现在要强调的是他已经养成了这种习惯，而且这使得他能够从全新的角度审视问题。这也解释了为什么不同的问题能够渗入他的思维，并且使他有所行动。这也是他希望同事们具备的特点。他理想中的同事是会挑战现状的"挑战者"——他们一醒来就开始提问，因为他们知道世界远比自己能够看到的大得多。他们能够成就伟业，是因为他们总感觉有其他更好的方式来完成工作，他们感觉自己还没有尽全力，而且他们无论在何时做何事，都会在心里打一个大大的问号。

在错误阶段停留一会儿

没有什么比想要做到绝对正确，或者想要让别人认为自己绝对正确更能够遏制提问活动了。当我们认为自己无比正确，或者感觉必须立刻做出决定时，就会急不可耐地接受心中已有的答案，不再进行进一步的探询。我们拒绝开启探索之旅，并且向他人施压，催促他们尽早结束思考。

相比之下，当我们知道自己对某事的判断错误时，我们就不得不停留在提问阶段。如果我们的尝试没有作用，那么我们就不能自欺欺人地说自己是正确的，这样问题就会不断涌现出来。

因此，如果我们能够在生活和工作的更多方面放慢追求正确的节奏，在错误阶段多停留一会儿，我们就更有可能想出本来没有想到的催化性问题，从而得出前所未有的正确答案。本章还将举出更多的例子，向大家介绍有意培养这种习惯的人，他们因此大为受益,这种习惯也可以为他人所用。他们的行为有几个共同特点。第一,他们提醒自己,错误是有可能出现的。第二,他们更乐于接收自己原本没有注意或没有重视的驳斥性证据和其他挑战性信息。第三,他们会花更多的时间与持不同观点的人和用他们忽视的事实质疑他们的人相处。

错误不一定会带来问题,只有在我们意识到自己犯了错的时候,问题才会浮现,而这是极为罕见的。而且对大多数人来说,只有当我们遭到事实的打击,意识到自己的错误时,我们才会开始关注问题。科学发现往往就是如此。比如,2016年在中国发现的4亿2 300万年前的鱼类化石便大大震惊了进化生物学家们,因为这块化石表明,所有现代陆地脊椎动物和硬骨鱼的颌骨都源于一种叫作盾皮鱼的奇特动物。《科学新闻》杂志在报道中指出:"这项新发现……正在改写早期脊椎动物的进化史。"美国自然历史博物馆的古生物学家约翰·迈赛(John Maisey)更是直截了当地对记者说:"我们突然意识到自己全错了。"[2]

大多数人所在的企业都不会因为无知被曝光而如此欢欣鼓舞,也不会有如此确凿无误的证据能够推翻之前的假设。在工作和日常生活中,我们并不总是能够收到自己应该承认错误的信号,即使我们收到了这种信号,包括自尊心在内的各种压力也会阻碍我们行动。

安尼塔·塔克(Anita Tucker)和艾米·埃德蒙森对组织学习的研究也揭示了这一点。他们调查的是,为什么在一个由高学历员工组成的任务驱动型组织中,还有许多基本缺陷和失败。组织学习指的是员工注意到企业内部问题并尝试新方法，不断调整标准程序，使企业整体业绩得以改善的过程。但是在塔克和埃德蒙森研究的医院里，一线员工并没有指出工作过程中的缺陷，其整体业绩也因为缺少反馈而停滞不前。为什么会出现这种情况呢？

研究者在一组关于"理想员工的行为"的流行观念中找到了答案，不幸的是，这些理想的观念实际上破坏了组织学习。更糟糕的是，他们意识到这些理想员工守则并不仅仅是他们研究的医院独有的，它们在大多数企业中都很常见。他们写道："比如，大部分经理人都认为理想员工应该独自轻松解决所有问题，不会去打扰经理或他人。"但是如果因为程序的设计缺陷导致问题反复出现，那么这种默默解决问题的行为只会导致问题不断出现。因此，从组织学习的角度来看，理想员工应该是吵闹的抱怨者，他会对经理和同事直言不讳，也因此冒着被认为能力不足的风险。[3]

你大概不会在简历中用黑体突出"吵闹的抱怨者"这个身份，也不会把它作为某项工作的相关资历证明，但是塔克和埃德蒙森对大家的期望不止如此。他们认为理想员工不应该是好好先生，为同事们收拾烂摊子，而应该是多管闲事的捣蛋分子，看到问题就毫不手软地指出。从本章的角度来看，他们是自觉的错误标记者，他们追求的不是完美的表现，而是公开承认自己的失误。从本质上讲，他们是破坏性提问者。他们"不断提问，而不是接受或投身于当前的工作"。

我之所以提到这项研究，是因为它高度强调了群体文化的重要性。矛盾的是，这种文化往往要求人们不犯错，以致他们无法追求更正确的道路。它还强调，鼓励你所希望的行为的最佳方式，就是创造可以让这些行为自然出现的环境。对于能够改善组织程序的提问行为来说，这是毋庸置疑的，而且提问行为也是工作或生活中的任何积极转变所不可或缺的。

如果你想找到看待问题的新角度，并且最终找到突破性解决方案，那么你就必须抑制自己展示完美能力的冲动。想要正确的问题浮出水面，你必须花更多的时间假设自己犯错。

更新你的思维模式

我曾和亚马逊公司的高管杰夫·维尔克（Jeff Wilke）讨论过接受错误，他对此事的思考更加深刻。上大学时，他对创新性思想者更新自己思维模式的方式——也就是许多人所说的启发法——产生了兴趣。从根本上来说，我们的头脑对于周围事物的运作有一系列的假设，这使得我们能够在许多方面做出下意识反应，把理性关注分配给真正需要思考的事物。问题在于，思维模式是有保质期的，因此我们需要找出修改和更新它们的方式。

维尔克认为，有两种主要方式可以挑战并且重置我们的思维模式。第一种方式是通过惨烈的经历。他所说的正是领导力学者沃伦·本尼斯（Warren Bennis）和鲍勃·托马斯（Bob Thomas）所做的研究。他们调查了人们因为一系列残酷的逆境引发自我反思，从而实现转变的过程。在惨烈时刻，人们被迫质疑自己已有的假设，并且会更加清晰地找到自己真正珍视的东西。这使得他们能够更好地判断前进的方向。第二种方式没有这么痛苦，也没有这么依赖外部事件，即通过有意的提问来挑战自己的思维模式。维尔克总结说："如果你从未提过问题，从未体验过新事物，从未有过惨烈的经历，你的思维模式将会变得陈旧。但是如果你努力寻求自己不知道的信息，而且有勇气犯错或暴露自己的无知，提出更多的问题，也许还会在公共场合经历尴尬，那么你就可以建立一个更加完整的思维模式，它能在你的一生中给你更好的指引。"

通过聚焦思维模式，维尔克直接触及了潜在错误的最深层次，对我们来说，这是最难但最有价值的提问。这种提问之所以困难，有以下几个原因：它不仅需要学习，有时候还需要我们遗忘原有的知识；这种提问是我们极少练习的；它揭示的是大多数人根本不会想到的内容。

所有这些原因在季清华（Michelene Chi）的研究中都有明确的阐述，她的研究领域正是概念转变，或者说思维模式转换。她指出，由于学习的类型不同，学习者对新信息的反应会有很大差别。大部分学习都是从无到有地增加新知识，或者填补知识空白。没有人会对这类学习有异议，因为它们只会丰富人们的知识储备。但是有时候新知识会纠正之前的错误概念，那么此时学习的重点就不在于丰富知识，而在于"改变概念"。[6] 也就是说，你之前的概念是错误的，需要被纠正。这一过程很难让人享受，即使是一点点的改变。没有人喜欢在基本事实层面上犯错。但是，如果错误是发生在更加根本的理解层面上，也就是季清华所说的"类型性错误"，那么它引发的痛苦就要深刻得多了。

▶ 图 4-1

我的孙子跟爸爸一起登记第一天的工作 [4]

▶ 图 4-2

走廊里亨特·弗雷耶尔（Hunter Freyer）脑洞大开的问题："如果不考虑赛车规则，要求玩家尽可能快地绕跑道 200 圈，何种策略可以帮你获胜？前提是赛车手必须活下来。" [5]

▶ 图 4-3

孙子跟奶奶一起注视这个球体，这是一个意在引发更宏大的问题的创意雨林空间

第 4 章　谁会为错误欢呼雀跃　　097

▶ 图 4-4
第一天跟爸爸下班

季清华进一步指出，类型性错误，即有缺陷的思维模式，不容易被意识到，因为大部分时候，我们的这一层思维运行良好，并不会敲响警钟。就像她说的那样，不得不重新调整我们已经学会的假设，这在日常生活中发生的频率很低，因为在日常环境中，我们最初的分类基本都是正确的，大家都没有机会重新评估自己的思维模式。尽管在日常生活中，很少有完全错误的思维模式，但是季清华认为这个层面的错误是在科学等领域中"盛行的错误概念的根本来源"，人们因为固守错误的模式而忽视了异常状况的重要性。与此同时，大部分人甚至意识不到这样一个事实：基本假设对他们的每个决策都起到了至关重要的作用。就像大气中的氧气一样，不管我们是否意识到了它的存在，思维模式对我们来说都是不可或缺的。

但是，有缺陷的思维模式并不会自然地呈现在人们面前。如果你希望他人或自己有机会直面错误，唯一的希望在于明确的教学。季清华总结道："人们意识不到自己需要转变思维模式，是因为这种转变在现实生活中出现的频率很低。"因此,旨在促进这种转变的教学在必要的时候"必须以帮助学生意识到他们犯了类型性错误为开端"。[7]

回到里奥尔·迪维的例子,我们现在已经了解到他以及杰夫·维尔克、迈克·因塞拉和其他我遇到的杰出领导者在日常生活中的表现并非易事。和大多数人一样,他是一个聪明的人,很有求知欲。他会定期在自己广泛的既有知识面之外搜集数据。他不仅仅是完善自己的思维模式,而是挑战思维模式本身。他说,自己和同事们"在任何环境下都努力避免带着先知的态度看待问题……我们知道盲区的存在,因此需要感知并找到它"。

我问迪维是怎么形成这个习惯的,结果惊讶地发现他能够精准地回忆起这个习惯的形成时间。那是在三年级的时候,他突然意识到自己不会阅读。原来他患有阅读障碍,但是因为记忆力超强,所以从未有人察觉。于是他意识到两个问题:"我发现的不仅仅是自己不能阅读,还有别人都认为我可以阅读。"其实这是一个三重的发现,他还发现他本人当时也认为自己能够阅读。"没有人告诉一个孩子什么是'阅读',"他解释说,"我总是会请人为我诵读,然后我会看着天花板开始'阅读'。"后来,阅读任务越来越困难,他才不得不直面自己有阅读障碍的可能性。突然意识到问题之后,他积极应对,在一年之内就弥补了自己的重大阅读缺陷。

这种震撼心灵的经历为他带来了长久的信念。他常常怀疑自己忽视了某个对自己的发展至关重要的要素,就像当年自己没有

第4章 谁会为错误欢呼雀跃　　099

发现阅读障碍一样。这一不同寻常的阅读之路还让他意识到，人们通常选择的道路并不一定是唯一可行的道路。"如果我们能够意识到其他道路的存在，意识到问题的边界并没有那么窄，"他说，"那么我们就能够换种思路，而且不用再担心自己的特立独行会引来侧目。"回顾过往，迪维认为自己患有阅读障碍是一件非常幸运的事情，因为"在我生活的世界中……没有人鼓励大家提问，这是一种潜规则，大家不得不遵守"。他认为，如果没有这一迫使自己改变的经历，他就不会养成质疑基本理念的习惯；但是既然已经形成了这一习惯，他便要一直坚持下去。

尝试多犯错

我认识的善于提问的人们，都喜欢故意为自己营造不确定的环境。这听起来可能是一个奇怪的目标，但是想要实现它并不怎么困难。你可以参加自己没有把握的活动，这可以培养你在无知时仍然可以坦然自若的能力。你可以去参加陶艺课或刺绣课，感受一下自己的手指是多么笨拙（或者像我一样去参加舞蹈课，感受一下自己的双腿是多么不协调）；你可以去一个外国城市参观或生活，体验一下坐地铁的流程；你可以体验一个节日，直面那些让你感到困惑的艺术。

有创造力的人知道自己需要这样的体验来保持在创新方面的好奇心。我曾经询问过《全球概览》、全球商业网络咨询公司、线上社群网WELL以及恒今基金会的创始人斯图尔特·布兰德是如何保持灵感的。他立刻用吉姆·哈里森（Jim Harrison）小说里的一句名言做了回答："我每天都在思考自己对多少事情的看法是大错特错的。"布兰德说自己努力坚持这一理念，每天醒来都希望自己能够发现一些错误概念。几年之后，我跟SAP的创始人之一哈索·普拉特纳（Hasso Plattne）分享这一理念时，他几乎是高声喊道："我每天醒来时也是如此！"

想要找出自己错误的人，会不遗余力地使自己周围聚集大批可以直言不讳地指出错误的人。就像皮克斯和迪士尼动画工作室总裁艾德·卡特姆建议的那样："寻找愿意对你开诚布公的人，一旦找到就要紧紧抓住他们。"当然，说起来比做起来要容易得多。理智也许会告诉你，你需要和既有智慧也有勇气指出你思维缺陷的人在一起，但当他们真的这样做时，你会恨透了他们。就像畅销经济学作家蒂姆·哈福德（Tim Harford）所写的那样："具有讽刺意味的是，刺耳忠言才是最有价值的反馈。如果我沉浸在洋洋自得的情绪中，犯了严重错误，那么我就非常需要有人指出我到底做错了什么。当然，我需要的和我喜欢的是两码事。"[8]

卡特姆对于如何克服对批评的排斥天性颇有见地。他总是督促自己探索"未知的未知"领域，总是寻找自己可能忽视的微弱信号。不过，作为一名领导者，他真正的影响在于成功地在皮克斯公司推广了这一习惯。与大多数企业相比，皮克斯公司更注重创新。它面向的市场决定了它需要创新，它已出品的20部电影无一例外。卡特姆坚信，维持这一成绩的关键在于坦白直率。他非常喜欢这个词语，不止一次提到它，比如"如果没有坦白直率的领导者，组织就会出现功能失调"以及"坦白直率对我们的创新是最为关键的"。他从来不会天真地认为这一切是唾手可得的。

我已经在前面的章节提到过"智囊团"，皮克斯举办会议来帮助人们发现自己潜在的错误。这些气氛紧张的会议鼓励人们辩论并给出反馈意见。卡特姆希望所有人都能给正在拍摄影片的导演"野蛮"的反馈。这是为什么呢？他的答案如下："因为在制作早期，我们所有的电影都很糟糕。我知道这一评价有些直率，但是我之所以这样说，是因为温和的词语无法描述早期版本是多么差劲。我并不是故作谦虚或低调。皮克斯的电影最初并不出色，但我们的工作就是使它们，用我的话来说，'从糟糕变得不那么糟糕'。"此处，我们看到的是一个在创新过程初期就宣布自己可能犯错的习惯。卡特姆知道，无论事实究竟如何，如果自己的员工想要接受建设性批评意见，那么他们就必须首先假设自己可能会犯错。

许多人告诉我，"智囊团"的经历虽然痛苦，但是对于伟大电影的制作，这是必不可少的。在皮克斯公司被华特迪士尼动画公司收购之后，皮克斯的领导团队也需要负责迪士尼工作室，"智囊团"便是他们决定首先推广到新环境中的事物。总裁吉姆·莫里斯（Jim Morris）向我解释了这种看起来行之有效（特别是有皮克斯公司的成功作为佐证）的集体反馈活动实际上少之又少的原因。通常情况下，电影导演之间存在激烈的竞争，他们需要抢夺稀缺资源、最佳档期等。大多数情况下，其他电影的失败会给他们自己带来益处，因为他们的努力将会被凸显，他们的项目将会脱颖而出。但是，皮克斯公司"更像是20世纪三四十年代的老式电影工作室，所有人都是员工"，因此他们关心企业的整体业绩。"这其中还有一项有趣的社交法则，"莫里斯说，"因为这个房间里的所有人迟早都会在某个时刻如坐针毡，他们的电影都会有需要其他导演帮助的时候。因此，没有人会试图否决一个项目，他们只是会说，'我觉得这一点不好，因此我建议你这样修改'。这绝对会让人耳目一新，因为你在好莱坞基本不会看到这样的场景。"

在迪士尼动画公司，这种类似的活动叫作"故事智囊团"。我曾经和《疯狂动物城》的导演拜恩·霍华德（Byron Howard）和杰拉德·布什（Jared Bush）聊过，惊奇地发现在影片制作的几年中，这个故事竟然被彻底推翻重写了。他们两个坦率地告诉我，这个过程非常痛苦。布什告诉我："在所有电影中，作为电影人，你把自己暴露无遗。它不仅仅是一个产品，这些故事都倾注了我们的情感……因此你会说，'这是我内心深处的独白'。然后别人有可能会说，'这正是最糟糕的部分'。你肯定会觉得这是个人攻击。长达几个小时的反馈会给你带来很不舒服的体验。但是，你知道自己最终将有所收获。有人会提出我从未想到的事情……所以奇怪的是，你既讨厌它，又期待它。"他告诉我，他的应对方法就是预测大家的意见，因为他很清楚自己的影片在哪些方面比较薄弱。"通常情况下，当我走进会议室时，我会告诉自己，'我感觉大家会提出5条意见'。结果你从未想到的第6条也会出现，而且它可能更重要、更基本。"

▶ 图 4-5

杰拉德·布什（左）和拜恩·霍华德在分享问题在他们工作中的关键作用时，也像他们的电影一样生动。他们无拘无束、妙趣横生的提问方式让我大受启发

▶ 图 4-6

华特·迪士尼曾经说过："去做不可能的事情是一种乐趣。"这正是迪士尼和皮克斯动画工作室一直领先的秘诀

作为局外人，我们大概很容易觉得皮克斯和迪士尼动画公司是充满欢乐的地方，幸福的人们互相合作，制作出让他们自己以及全世界都捧腹大笑的影片。但事实上，他们为创意费尽心思，他们的成功足以让他们相信自己有正确的直觉。别人很难质疑他们所走的道路的正确性，让他们自我怀疑更是难上加难。

培养自己的怀疑心态（不仅怀疑事实，而且怀疑更深层次的假设和思维模式）的另外一个有效方式是了解关于认知偏见的知识。这是最近思想文化界的热点，诸如丹尼尔·卡尼曼（Daniel Kahneman）的《思考，快与慢》（Thinking, Fast and Slow）和理查德·泰勒（Richard Thaler）与卡斯·桑斯坦（Cass Sunstein）合著的《助推：事关健康、财富与快乐的最佳选择》（Nudge: Improving Decisions About Health, Wealth, and Happiness）之类的相关畅销书帮助更多人加深了对认知怪癖和认知局限的了解。比如，证实偏差就是其中一个重要的组成部分。它指的是人们只看到自己想看的事物的习惯。某种假设一旦形成，我们就更有可能注意到那些可以帮助我们证实假设的证据，忽视那些与假设不符的证据。这并不是我们有意否认具有挑战性的数据，忽视它是一种下意识的现象。这只是认知偏见中的一种，还有很多其他的类型。

多读一些相关文献，你就会发现遵循直觉可能导致多么严重的后果。我曾采访过的一位企业家罗德·德鲁里（新西兰软件公司 Xero 的创始人）以一种非常有趣的方式描述了这如何影响他的决策。"我非常喜欢乔治·科斯坦扎（George Costanza）的管理理论，"他提到的是著名喜剧《宋飞正传》（Seinfeld）中的桥段，"如果你所有的直觉都是错误的，那么你反着来肯定是正确的。"德鲁里以此来推动创新性思维，他知道这对一个想要与成熟的大企业正面竞争的新兴公司来说是至关重要的。它不仅可以带来新的解决方案，还意味着"我们做的与在任者期望我们做的完全相反"。

意识到人类思维的普遍缺陷的价值之一，便是帮助人们更好地反思自己作为思考者的倾向。无论之前的左右脑理论是否成立，神经科学过去几十年的研究已经证实，人们的心理过程是非常特殊的。一旦你意识到人们在处理信息和将学习转化为行动方面有各种不同的倾向，你就会明白这种深层动态是有可能影响你对真相的认知的。

重新审视你确信无疑的事情

尽管关于认知习惯局限性的书籍大为畅销，而且我们生活在一个极易获得信息来揭示我们错误的时代，但是一些专家仍在担心，现代社会的人们实际上越来越不愿意质疑自己的准确性。他们注意到我们的生活越来越数字化，这使得我们更容易被符合自己假设的信息围绕，忽略那些不符合自己认知的证据。[9]

查克·克洛斯特曼（Chuck Klosterman）就是一个不错的例子。克洛斯特曼是一个反传统的人，他在畅销论文集中立场鲜明地表达了自己的想法。在最近的一本书中，他宣称："我对现实的认知带有鲜明的个人风格，它甚至和我大脑之外的世界发生的一切都没有相关性。"[10] 但是我特别喜欢他最近一本书的开篇，第一句话是这样说的："我这辈子大部分的时间都在忙着犯错。"[11] 他很快表明自己绝非个例。他指出，在整个文明史中，人们一次又一次地发现曾经指引过自己的信念、假设或传统智慧都是非常错误的。然而，我们在生活中却丝毫不怀疑自己是正确的。有人也许会认为，随着时间的推移，人们会越来越愿意承认自己全心全意信奉的东西有一天会被证明是错误的。但是与之相反，克洛斯特曼的新书《如果我们错了呢》(*But What If We're*

Wrong）指出了"现代确信文化"的存在。他担心"我们日益趋于……一种意识形态，使人们确信自己的信仰是正确的"。与这种确信文化做斗争是非常有必要的，因为它会操纵对话、扼杀思想。它还将引发一种简单的错觉，从而导致思想僵化。

罗杰·马丁（Roger Martin）也表达过类似观点。马丁曾任多伦多大学罗特曼管理学院的系主任，也是马丁繁荣研究所（Martin Prosperity Institute）的创始人，早期还担任过《财富》500强企业的战略顾问。他目睹了数字网络对商业决策和经济决策的影响。在评论人们的观点越来越两极化这一普遍认知时，他的角度稍微有些特别。"我认为，任何对观点差异的认真分析都不会得出现在的思想分化程度比25年、50年或75年前更加严重的结论，"他说，"但是，我们可以说人们对于自己观点更加确信了。人们对自己的观点越是确信无疑，在遇到稍有不同的观点时就越难做出调和，找出最佳解决方案。"所以说，并不是人们在社交媒体时代的观点越来越极端了，而是他们丧失了质疑自己的观点并对其加以改进的能力。"如果你确信自己掌握的是真理，"他评论说，"你甚至根本不会尝试找出更好的解决方案，你会陷入非此即彼的陷阱中。"

这对马丁来说尤其重要，因为这关系到他对"综合思考者"的高度评价。在《整合思维》（The Opposable Mind）一书中，他表示大部分创新思考者都具有"在大脑中同时容纳两个截然不同想法的能力"。但是，他也解释说："他们不会因此而慌乱，也不会简单地在这两者中做出选择，而是能够整合出一个优于两者的最佳方案。"不难理解，人们如果对某种想法太过确信，就无法实现这种整合。

既然提到了罗杰·马丁，那我就再跟大家分享一个他讲述的美妙故事吧，这是他因为愿意承认错误而实现突破的亲身经历。当时他刚刚涉足咨询行业，是一名出色的项目经理，为一些世界知名品牌提供数据、分析和建议。他对自己团队扎实的工作非常有信心，也为自己递交给客户的无懈可击的建议方案感到自豪。但问题在于，他总是会在几个月之后一次又一次地发现原来的问题仍然没有得到解决，或者客户依然在犹豫不决。客户的管理团队根本没有采纳他们的建议。

马丁并没有认为客户无可救药，也没有抛弃他们，而是开始思考顾问的职责。也许他的某些行为是错误的？这个微弱的声音打破了他坚固的确信盔甲，新问题开始在他的脑海中浮现。他之前在处理每个项目时，都在思考一个似乎再恰当不过的问题：客户问题的答案是什么？现在，他怀疑是不是可以提出一个更好的问题：我应该如何帮助客户的管理团队找到答案？他的责任不再是提供解决方案，而是协助客户解决问题。随着角色的转变，他的工作方式也发生了彻底的变化。根据这一洞见，他设计了可以在工作中使用的新问题——可以开启团队创意思考新思路，并且帮助他们以集体、高效的方式测试新想法的问题。他最喜欢的一个问题（我也很喜欢这个问题）变成了："解决方案的完美实施需要何种前提？"马丁说，单单这一个问题就极大促进了客户的成功，因为它使得创意能够在集体环境中被改善，同时也不会使原创者感到被冒犯。[12]

这种顿悟的另外一个好处在于人们会爱上这种感觉，他们甚至会开始探索其他领域，试图发现自己的错误或忽视的信息。这也是许多创造性提问者的另外一个习惯。在他们的努力没有结果，从而使得错误被揭示之后，他们并不会急匆匆地避而远之。恰恰相反，他们会把错误放到聚光灯下细细查看。这是"拥抱错误"学派的思想，其原因就无须赘述了，因为创新文献对这个话题的研究已经非常透彻了。但是我的确想强调一点，创意人群不仅仅是口头说说而已，他们会付诸行动。比如，内衣品牌 Spanx 的创始人萨拉·布莱克里（Sara Blakely）表示自己常常在团队会议上提到自己的错误，因为她想营造一种大家都可以无所畏惧地测试自己新想法的氛围。她甚至在公司大会上花大量时间列举自己犯过的错误。当时的气氛非常欢快，每个错误还都配有背景音乐，比如布兰妮·斯皮尔斯（Britney Spears）的《爱的再告白》（*Oops!...I Did It Again*），而且她想传达的信息是非常明确的。里奥尔·迪维告诉我，他非常重视提高员工对失败的接受度，甚至把它作为评价 Cybereason 部门业绩的标准之一。他们尝试了多少新想法？其中有多少被证明是不可行的？"如果他们失败的次数不够多，那么他们就不够出色，"他说，"因为这表明他们肯定是太过谨慎了。"

人们不愿意犯太多错误的原因之一就是面子。同样的道理，人们愿意怀疑自己的正确性的标志之一就是他们会提出基本的问题，甚至是一些让人备感尴尬、听起来非常愚蠢的问题。《经济学人》杂志的资深记者阿德里安·伍尔德里奇（Adrian

Wooldridge）向我讲述了自己刚刚入行，决心好好向前辈学习时的故事。他结识了鲍勃·伍德沃德（Bob Woodward），那个揭露了1972年水门事件的传奇团队的核心人物，并且开始留意他的工作方式。他很快发现，伍德沃德对采访者提出的问题似乎表明他对当前事件一无所知。伍尔德里奇有些替伍德沃德感到难为情，但他很快就意识到自己错了。正因为记者没有进行有意引导，受访者才能够经常说出让大家大跌眼镜的事情。

在与仿生科学家杰夫·卡普谈话时，我也想起了伍尔德里奇的观点。卡普表示："我在实验室会议上提出的许多问题都是非常简单的问题，或者是询问他们的工作进展以及数据意义的问题。"他这样做是因为他需要了解事实，但是他也认为团队演讲是一个不错的机会，可以"告诉实验室成员，我有很多不清楚的事情，但是正在努力了解"。他怀疑参加会议的许多人，无论是否理解当前的演讲，都有努力想要理顺事情的时候，但是他们可能并没有说出来。通过展示自己的知识盲区，他试图营造一个所有人都认为"我们应该竭尽全力了解情况，而不是一言不发"的氛围。

系统性策略

如果真的想要了解完全意识到错误的威力的人，大家可以看看嘉信理财的故事。嘉信理财的首席执行官沃尔特·贝廷格（Walt Bettinger）是我遇到过的最审慎的首席执行官之一，他善于接纳质疑，并提出新问题。他坚信："成功与不成功的管理者之间的区别并不在于他们决策的质量。每个人大概都只能做出60%或55%的正确决策。区别在于,成功的管理者能够更快地意识到剩下的40%或45%的决策出了问题,并且能对它们及时进行调整;而糟糕的管理者则一意孤行,即使自己犯了错,他们也要试图说服别人自己是正确的。"好好想想吧,如果你坚信任何管理团队的优胜者都是最快发现自己错误的人,那么你肯定也会积极寻找自己的错误。在和贝廷格的交流中,我至少了解到了5种他严格、系统地实现这一目的的方式。

他要求直接下属提交BHR(绝对真实的事实报告)。这可不只是说说而已,他每个月要举行两次会议,讨论五大问题(其中之一便是"哪里出了问题"),这已经成为一项制度。大家都知道自己需要完成BHR,而且也意识到如果有人被沃尔特辞退了,这很可能是因为某个问题一直在被发酵,并且最终爆发出来,而该员工却从未在BHR中提到过它。不出我们意料,这种要求下属递交BHR的操作已经渗透到了公司的各个层面。

他关注各方意见。不同人员——员工、业主、分析师、客户——对于同一个问题有着不同的看法,而贝廷格严格要求定期听取每个群体的意见。比如,他经常前往总部之外的工作现场,并且有意识地提高自己的亲和力。

他还向大家解释自己为什么需要他们的帮助。他明白,许多人可能会犹豫是否向他提供他所需要的"真实的信息、问题和挑战",所以他竭力使大家明白自己的困境。"我会对大家说,我每天面临的最大挑战就是与外界隔绝,然后当面请求大家在这方面帮助我。"

他积极探索让人们委婉地说出"你不了解情况"的方式。除了员工，嘉信理财的独立股东和追踪该公司的分析师可能也不会主动向首席执行官说明他忽略或做错了什么。为了促使他们给出反馈，贝廷格采用了假设的方法。他经常会问："如果你是我，你会采取哪些跟现在不同的措施？"

他大力鼓励提出问题的员工。为了使"寻找我们的错误"成为一种企业文化，他经常邀请员工通过电子邮件或电话的方式向他反映他们发现的问题。"我每天大概会收到25封不同员工的邮件，"他说，"这要感谢多年来的努力和投入。"他每年会找三四次机会，让其中的一些员工飞到洛杉矶，在总部体验一天——不是作为一种奖励，而是作为一种鼓励。

任何想要塑造或重新调整周围环境的人，都应该关注贝廷格为"将广开言路制度化，从而减少信息闭塞"做出的不懈努力。也许对其他人来说，他的策略并不一定是最优操作，但毫无疑问的是，我们中的任何人都可以先提出一些问题：我需要哪些不同的视角？我如何让出乎我意料的信息源源不断地涌向我？我怎样才能使人们指出我的错误？我没能提出哪方面的问题？我如何才能鼓励组织中的所有员工都进行创新性探索？贝廷格总结道："我总是能感觉到对'未知的未知'的恐惧，也许有些人希望自己能够通过某种方式得到这些信息，这种想法太危险了。"他的结论让我想起亚马逊公司创始人杰夫·贝佐斯（Jeff Bezos）多年前对我说的话："当你被困在一个格子间里时，你必须要设法走出来。"

问题的起源

劳伦斯·克劳斯（Lawrence Krauss）是亚利桑那州立大学的一位物理学家，也是起源项目（Origins Project）的创始人。这个项目得名于它的研究内容，即宇宙的起源，当然它也关注与生命、疾病和复杂的社会体系相关的一些其他的"基本问题，这些问题是 21 世纪最大挑战的核心"。在 2013 年希格斯玻色子被发现后不久，他就预言大型强子对撞机的相关领域中还会有新发现，这将大大推动物理学的发展。

克劳斯注意到，在这种情况下，我们通常会产生幻觉，认为"我们所拥有的大部分幻想，也就是理论物理学，都将被证明是错误的"，但是克劳斯似乎并不急于奔向正确的领域。当被问及未来探索的方向时，他回答说自己不知道。他说："我的意思是，我有自己的推测。我有想法，其他理论学家也有他们自己的想法。但是我总是希望自己是错误的。我经常说科学家有两种最佳状态，一种是错误，一种是困惑，而我经常是两者都有。"

听众们笑成一片，但是克劳斯非常严肃地讲述了接下来的观点。"神秘正是人类的驱动力。"他说。未知比已知更令人激动，因为它意味着有更多的东西需要我们学习。当人们处于这种感觉错误或困惑的状态时，他们的心态会更加开放。他们会更加乐于接受新的可能性，并且更愿意挑战旧思想。"我们很幸运，因为我们不知为何拥有了智力，而且……进化出了一种可以让我们提问的意识，"克劳斯说，"停止提问就是一场悲剧。"[13]

珍·古道尔

（Jane Goodall，生物学家）

在我看来，提问能力是人类区别于动物的基本属性，它源于我们复杂的口头语言。

QUESTIONS
ARE
THE

完全浸入新文化可能会让你感到非常痛苦，但你会因此改变自己看待世界的视角，这对寻找创新解决方案来说至关重要。

第 5 章 为什么要自寻不快

ANSWER

人们对气候变化的态度呈现出了明显的两极分化现象，这个议题甚至可以把人们分成敌对的阵营。一些人主张对已经濒临崩溃的现状进行大刀阔斧的改变，否则就来不及拯救地球了。还有些人认为人类已无力回天，因此无须太过激进。这一分歧往往涉及对其他社会问题的不同看法，使得原本的一个科学问题变成了彻头彻尾的政治问题。人们的对立情绪如此高涨，以至于我们很难想象可以达成一个折中方案。然而，这种对立可能具有欺骗性，就像一个由气候激进分子组成的团队最近冒险进入西弗吉尼亚州煤矿区的敌方阵营后发现的那样。

他们都是受过高等教育、衣着考究的城市精英，来自不同的公司和非营利组织，最近刚刚加入这项活动，但是这次旅行并非他们自己的主意。让他们踏上"领导者探索之路"的是林赛·莱文（Lindsay Levin）。这一旅程旨在通过群体合作的方式寻找事实真相、了解他人思想、加强对话并深入反思，以便应对重大挑战。莱文设计这一系列活动的目的是让参与者走出自己的舒适区。

就这一例子而言,"不舒适"这个词并不足以说明问题。团队成员们肯定知道自己将不得不直面那些对气候变化持严重怀疑态度的人。但最终真正让他们感到坐立不安的是,他们发现对方竟然和自己一样,都是有血有肉的人。

正如莱文告诉我的那样,这次旅行的一项活动包括参观一家仍在运营的煤矿。对习惯了整洁、高雅的办公环境的队员们来说,这里肮脏幽闭,让人无法分辨方向。后来,团队聚集在煤矿外面一个摇摇欲坠的房子里,和工头以及几位矿工进行了非正式交流。当莱文开始提问时,矿工们首先谈到了自己的信仰。工头提到了进化的话题,开玩笑说:"也许你们都认为自己的祖先在丛林中荡秋千,但我的祖先可以追溯到《圣经》。"他们满怀爱意地谈到了周围的自然世界和当地的野生动物,但明确表示不认同美国国家环境保护局。当然,他们为最近政治上的胜利带来的工业复苏的前景感到欢欣鼓舞。"这与我们简直格格不入,"莱文回忆说,"整个团队都陷入了沉默,这也在我的意料之中。"

接下来,对话突然出现了转折。"给我们讲讲你的家人吧。"莱文提示工头说。他平静地与大家进行了分享:"我和妻子收养了5个孩子,他们的父母都因为过量吸食阿片类药物而丧生……"他提到自己和妻子如何持续面对这些孩子因为之前被忽视和虐待而产生的问题,比如他们最小的孩子会一直发抖。莱文说,自己坐在那里,可以感受到令人肝肠寸断的震惊像巨浪一样袭来,因为团队成员意识到他们必须重新评价这个人。"因为这不是我们概念中的敌人的所作所为,"她解释说,"不是吗?我们本可以简单地认为这个人没有受过教育,但是他正在做有意义的事情,而且房间中的所有人都在想,'我没有办法做到他那样'。"这正是莱文希望这次旅行能够带给大家的东西,因为"它消除了人们对自己的确信……它似乎打破了原来的状态"。新的问题开始在人们脑海中浮现:"什么是正义?谁是好人?群体是什么?一个孩子现在的价值是什么,未来的价值是什么?"莱文说,在接下来的几个星期乃至几个月中,团队成员在继续自己工作的同时,对问题有了不同的理解。用她的话来说,他们对问题的复杂性有了更深刻的理解,也更加有决心找出适用于西弗吉尼亚州和其他地区的解决方案。

梅若李·亚当斯(Marilee Adams)对于问题的力量的思考比大多数人深入得多。在畅销书《改变提问,改变人生》(*Change Your Questions, Change Your Life*)中,她引用了文化人类学家约瑟夫·坎贝尔(Joseph Campbell)的观点:"跌倒的地方正是财富宝库。"坎贝尔在《英雄之旅》(*Hero's Journey*)中提到,这样的例子自远古时代以来数不胜数。当主人公不情不愿地接受一项任务,冒险跨出舒适区并遭遇巨大障碍时,他的思想必须达到一个新的高度,才能顺利完成任务。莱文的团队在西弗吉尼亚州的经历正是如此,我们接下来将要谈到的许多创新型问题解决者的经历也不例外。

我曾经提到过,如果大家想要提高找到更好解决方案的概率,重塑自己关心的问题,并且帮助自己走上探寻更佳解决方案的道路,那么大家就应该多花点儿时间塑造能够使问题得以浮现的环境。上一章探讨的是其中的一种情况，即质疑自己的正确性，而本章将带领大家进入不舒适的领域。

主动寻求不适感

还有比寻找舒适感更基本的心理需求吗？大部分的社会进步都与解决引发人们不适感的问题有关。从个人维度来看，我们总是会避免那些让我们感到有压力的情况，原因很简单：压力有害健康。但是在现代社会，我们中的许多人使自己彻底与压力隔离，以至于走向了另一个极端。不受挑战性经历或信息的困扰，我们就会停止成长和学习，我们的质疑能力也会衰退。

人们经常说特权阶级生活在泡沫中，言外之意就是他们必须寻找从中解脱的方式。但与外部世界隔绝的并不仅仅是那些拥有信托基金的孩子。许多深层的力量共同作用，在我们周围形成了各式各样的泡沫。在我们非常忙碌的时候，我们基本不会主动寻求不适感，无论这种不适感是身体上的、智力上的还是情绪上的。

我在研究中发现的最为极端的与压力隔绝的情况发生在首席执行官和其他大型组织负责人身上，因为他们可以依赖员工搜集和筛选信息。[1] 在我看来，这些领导者并不比其他人更倾向于寻求舒适感，但是因为面临着巨大压力，他们似乎感觉自己有权利享受这种舒适感。当然，他们的周围遍布"看门人"，其职责就是保护老板，使他们免受不适感的打扰。Infosys 的创始人、前任首席执行官南丹·尼勒卡尼（Nandan Nilekani）对我提到过这样做的危险："领导很有可能将自己置于一个只会听到好消息的蚕茧之中。所有人都表示，'好极了，一点儿问题都没有'。结果第二天，所有的事情都被搞砸了。"或者我们也有可能像Salesforce首席营销官西蒙·马尔卡希所说的那样，被其他人彻底隔离："许多首席执行官周围都有由员工形成的'钢铁环'。这些员工齐心协力、尽其所能地支持首席执行官，但是他们创造了一个绝对的保护罩，一个没有反馈的环境。首席执行官只能直接听到报告，并根据非常有限的反馈做出决策。实际上，首席执行官的所有决策力都被完全扼杀了。"

值得庆幸的是，我们心中有股力量一直在抗拒过度的舒适感，这种抗拒有时候甚至会以极端形式表现出来。不知何故，每年的1月1日（始于1909年），波士顿会有数百人跳入冰冷的波士顿港体验刺骨严寒。在零重力实验室（Zero Gravity），人们花费数千美元或像史蒂芬·霍金一样，每隔一段时间拿到一张免费乘坐券，体验失重飞机，宇航员在训练时称之为"呕吐航班"。每年都有数以百计的登山运动员不断挑战珠穆朗玛峰，仅仅因为它屹立在那里。他们从这些体验中得到的不仅是吹嘘的资本，因为不适感的另外一面是令人心旷神怡的体验。在做这些事时，他们经常会说："这让我感觉更有活力。"

冒险进入认知或者心理上的不适区也是如此，"更有活力"的感觉是有科学依据的。看看参与某项活动的新手和专家的大脑扫描图，你会发现新手的神经细胞非常活跃。[2] 毫无疑问，走出舒适区会使你更加主动地寻求信息输入：你会更善于接受，竖起耳朵，竭力发现蛛丝马迹。当你试图融入陌生环境或在陌生状况中占得先机时，你的本能会迫使你通过所有的 5 种感官吸收各种各样的信息，你的大脑会充满大量问题。

在访问推特的企业总部时，我听到了一个关于这一过程的完美描述。我见到了迈克尔·希佩伊（Michael Sippey），推特当时的产品负责人。他后来创建了群组聊天应用开发公司 Talkshow Industries，现任媒体博客协作平台 Medium 的产品副总裁。旧金山当天阳光明媚，我们坐在他精心布置的办公室中，从他的屋顶平台向外眺望。他谈到了亲自拜访客户的重要性："这需要付出精力，而且很不容易。我的意思是，你往四周看看，没有人愿意离开这样的环境去外出。"他说，必须做出深思熟虑的努力："你必须做一些事情，真实地接触和感受客户的体验，了解他们的实际生活。"

希佩伊职业生涯的前 5 年是在一家名为 Advent 的软件初创公司度过的，这家公司为金融和投资专业人士提供解决方案。他讲述了自己和同事发现第一个宝贵机遇的故事。他说，在对潜在客户进行拜访，搜集大家对 Advent 原创产品的反馈时，"我们慢慢发现了一个规律"。在几乎所有这些小投资公司里，"都会有这样一个人，他有大大的显示器，上面贴满了便笺条"。终于，他们抑制不住自己的好奇心，走近了其中一个人："兄弟，便笺条真多啊。"他们通过交谈得知，这些人都是负责处理证券投资经理下达的买卖交易的交易员。这个人告诉他们："我尝试使用过很多种电子表格，但它们都会崩溃……所以我每完成一项交易就写一个便笺条贴在显示器上，每完成一项交易就写一个便笺条贴在显示器上。"

希佩伊和同事觉得匪夷所思。他们的反应是，"你肯定是在跟我开玩笑"。他说，这"成就了我们的第二项产品——交易订单管理系统"。从那以后，这一经历一直指引着希佩伊关于产品创新的思考。"怎样才能让自己置身于能够提出正确问题的境地呢？"

太多领导得到的信息都经过了下属的精心准备和挑选，并且以他们喜欢的方式呈现出来。想要扭转这一局面，他们需要进行实地考察，亲自搜集第一手材料。里奥尔·迪维说："我需要去令自己感到不舒适的地方。我需要挑战自己和他人的极限，找到边界，这样才能找到盲区。"即使外出考察没有带来精彩的新问题，这也可能会促使组织对自己的创立初衷进行宝贵的反思。在我与一家印度水公益企业 Gram Vikas 的创始人乔·麦迪亚斯（Joe Madiath）交谈时，他强调了回归自己创业初期所立志服务的社区的激励效果。他告诉我，在总部待了太长时间之后，他会感觉自己被官僚管理耗尽了所有精力。此时，他重新获得力量的方法就是回到那些 Gram Vikas 为之提供水资源并帮助解决污水问题的村庄中去。对大多数管理人员来说，奔波在尘土飞扬、车辙遍地的小路上并不是一种美妙的放松之旅，但正是这种旅行使麦迪亚斯重新意识到了自己的使命。

走出舒适区的好处：惊奇、分心和冲突

众所周知，不适感可以大大激发创新。问题解决者总是习惯于聚焦痛点。比如，超级高铁的想法正是埃隆·马斯克在陷入洛杉矶的交通大拥堵时想出来的：以超声速行驶的巨大风动力列车，可以把从洛杉矶到旧金山的时间缩短到 30 分钟。"我迟到了一个小时才到演讲现场，"他说，"我当时就想，天呐，肯定有更好的交通方式。"这正是一个需求催生发明的故事。

进入不适区还会带来更具发散性的间接回报。当紧张情绪使你的感官处于高度警惕状态时，这种状态又常常会使你更加用心、专注，更加善于提问。这至少会产生三种伟大的效果：惊奇、分心和冲突。

惊奇的要素

首先，发现新事物和新视角会让你感到惊奇，这种惊奇往往很有启发性。你目睹、体验了自己从未了解或者想到过的新事物，周围的一切都是新奇的。这正是时装公司凯特·丝蓓（Kate Spade）的管理团队利用各种方式防止员工感到厌倦或变得令人厌倦的原因。首席营销顾问玛丽·比奇·伦纳（Mary Beech Renner）向我讲述了凯特·丝蓓向客户做出的品牌承诺："我们将启发并带领客户过上更为有趣的生活。"对伦纳和她的同事来说，这意味着他们需要将自己的生活也打造得妙趣横生。

因此他们组织了游览公园、博物馆，参加烘焙课程等一系列能够激发灵感的团队活动，以确保自己的生活就像他们承诺的那样有趣。他们还定期邀请各种有趣的客人参加"午餐学习会"。一些公司在夏季实施周五半天工作制，但凯特·丝蓓把这一制度贯穿整年，以便员工可以更好地吸收生机勃勃的曼哈顿给予他们的滋养。

与此同时，硅谷风险资本家、尤因·马里恩·考夫曼基金会（Ewing Marion Kauffman Foundation）创业中心副总裁维克多·黄（Victor Hwang）也建议企业家们"进入怪异区"来锻炼自己的大脑。关于这一点，他提出了寻找不同寻常之处的三种方式。

观察、倾听奇怪的事物。我喜欢观看晦涩的纪录片，听特别的播客节目。点击几下按钮就可能发现潜在的奇思妙想，真是让人激动万分。

走进怪异的区域。我散步的地点包括隐秘的城市小路、百货商店、社区大学等。当你不带任何目的散步时，你会以全新的眼光看待周围的事物，因为这种心无旁骛的奢侈是不常有的。

与怪人交谈。和与自己截然不同的人对话可能产生非常深远的影响。直到现在，我还记得几十年前和陌生人偶然间的交谈，以及他们对我的人生的塑造。[3]

依我之见，在这方面无人可以超越盖·拉利伯特（Guy Laliberté）。拉利伯特是太阳马戏团的创始人之一，该马戏团的精彩演出融合了高空杂技、马戏杂技、舞台艺术和故事讲述，呈现出了极具创意的场面。拉利伯特经常外出旅行，追求异国情调和迷人的灵感，并且希望太阳马戏团的其他员工也能够如此。为了鼓励百花齐放，公司的"潮流团队"在内部期刊《大开眼界》上推出了一个专栏，每周刊登员工在世界各地度假或工作（比如招募新演员）时的各种随笔见闻。其内容可能涉及建筑、时尚、音乐或语言流行趋势，通常与正在编排的节目没有直接关系，但在马戏团这样一个文化氛围浓厚的地方，这些内容也并非毫无用处。

▶ 图 5-1

我和妻子被巴厘岛海滩上的一处景象深深吸引：沙蟹在一个不规则的灯泡周围用沙子组成了完美的图案

无论以何种标准评判，太阳马戏团都是一家非常成功的企业。比如，它的《O》秀在拉斯韦加斯演出多年，其观众席场场爆满，据说这是世界上单场收入最高的表演秀。当我问到他们如何进行研发时，首席执行官丹尼尔·拉马尔（Daniel Lamarre）不假思索地回答说:"首先也是最重要的一种方式,是通过盖以及我们大部分员工充满好奇心的环球旅行……我们时刻关注着周围发生的一切。"

回到位于蒙特利尔的总部,拉利伯特还会设法防止最高管理层陷入舒适区。拉马尔告诉我,有一天,拉利伯特的举动让他大吃一惊。他说:"丹尼尔,我担心我们过于企业化了,所以我给你找了个新员工。"不久之后,一个盛装打扮的小丑来到了蒙特利尔的太阳马戏团总部报到,这就是"扎祖夫人"(Madame Zazou)。她经常举办娱乐活动、分发爆米花,她在不断提醒总部的员工,他们工作的重心就是准备马戏团的演出。更为有趣的是,她还可以扮演传统宫廷小丑的角色,比如进入正在举办高层会议的会议室做自我介绍,并取笑参会人员。我在探讨走出舒适区时,主要讨论的是走出办公室,但聘请扎祖夫人说明领导者也可以邀请"不速之客"进入企业内部。

和太阳马戏团一样,皮克斯公司也赞同员工走向外部世界,获得第一手的体验。皮克斯的产品开发流程迫使员工走出办公室、走出皮克斯大楼——比如在制作《勇敢传说》之前学会射箭。他们会踏上"冒险旅程",体验新环境、新思想。在制作皮克斯2017年的热门电影《寻梦环游记》时,深入体验墨西哥乡村和城市的生活使得人们抓住了墨西哥文化的精髓。为了创作电影中的小镇圣塞西莉亚,电影制作人走访了墨西哥南部的瓦哈卡州和其他一些地方,比如米却肯州的一个小镇圣菲·德拉拉古纳。该镇的居民骄傲地保留着自己的传统,包括穿着传统服饰以及制作风格特殊的陶器。皮克斯的做法可以被看作一项创新，但它并不仅仅适用于传统意义上的创作。多年来，我遇到过的许多创新思想者都是通过"走出去"提出他们的最佳问题和洞见。

罗德·德鲁里告诉我，他曾大力提倡员工走出去和客户们交流，这一举措使他们在创新方面大有收获。为了把 Xero 发展成行业领军企业财捷集团的有力竞争对手，他采用的策略之一就是确保自己和创始人团队用大量时间追踪小企业所有者和经理人，也就是他们的服务对象。他提到，在开发第一代产品的时候，他们拜访了 200 多位经理人。他们在这些经理人每天到达办公室之前就已经在那里等候，为他们打开电脑、泡上一杯咖啡。在不断的走访中，德鲁里顿悟了："我们应该关心的绝不仅仅是会计软件。"他和同事们注意到小企业所有者总是习惯每天早上在线查看自己的账户，以确认公司有足够的现金撑过这一天。这一简单的发现，再加上从客户对话中获得的客户对软件功能的见解，最终使他们想到了客户面临的问题的关键：我们为什么不能把小企业搜集和需要的数据都整合在一起呢？德鲁里说，这个问题对他来说是千载难逢的机遇，因为他们可以为客户把这些数据串联起来，从而实现妙不可言的效果。

维克多·黄的"怪人论"认为，离开舒适区产生的惊奇感可能不仅与地区有关，也与和你拥有截然不同的视角和认知模式的人有关。鲍勃·萨顿在《11 1/2 逆向管理》(*Weird Ideas That Work*) 一书中的论点非常有说服力。许多研究表明，此类交流可以带来更高水平的创造力和创新。杰夫·卡普在一次访谈中解释了其中的原因。"和来自不同背景的人们一起工作会给你带来紧张感，因为你们之间可能存在交流障碍，"他说，"但是我认为这一努力是值得的，因为它会使你的大脑高速运转。它会使你保持非常活跃的状态，有些不适感也是理所当然的。"

对许多人来说，和与自己在各个层面都大为不同的人共事是非常有挑战性的。卡普的意思是，这种不适感可以促使人们提出催化性问题和有创意的洞见。

分心的威力

其次，打破常规会使你不得不停下手头的工作，你会因此分心，但这是有益的。你的注意力会从自己聚焦的问题上转移开。从高度集中的状态中抽离会使你转换思考模式，更容易接受那些在你思想边缘徘徊却未被重视的问题。从传统意义上来说，你并没有在"工作"，因此不会走上解决问题的老路。新的处理方案也许会不知不觉地出现在你的脑海中。

认知心理学家用"额外认知"来解释这一过程，一个经典的例子就是人们可能在洗澡时获得灵感。创新思想者、数学家亨利·庞加莱（Henri Poincaré）尤其倾向于将自己伟大的问题和洞见归功于此。比如，19世纪70年代末期，庞加莱正是在半梦半醒中提出自己第一个重要发现的。用他自己的话说："我花了15天时间努力想要证明没有任何函数与我所谓的富克斯函数类似……我每天都在办公桌前坐一两个小时；我尝试了许多方法，但都一无所获。一天晚上，我一反常态地喝了一杯黑咖啡。我失眠了，无数思绪涌入脑海，互相碰撞。突然，我感到两个想法融合在一起，形成了稳定的组合。"他说自己在黎明之前就解决了这个难题："只要把结果写出来就可以了，这只花了我几个小时。"这种情况对他来说并非个例。

>我离开了当时居住的卡昂，开始了矿产学会组织的一次地质之旅。艰难的旅行让我忘记了数学方面的工作。到达库唐斯之后，我们换乘汽车开始短途旅行。在我踏上踏板的那一瞬间，一个想法突然毫无征兆地冒出来，我意识到自己用来定义富克斯函数的变换与定义非欧几里得几何的变换是相同的……我立刻对此确信无疑。一回到卡昂，我就证明了这一休闲之旅的结果。

这一模式延续了下去，庞加莱不断发现自己的灵感似乎都是在非专注状态下诞生的。比如，他有一次研究了另外一类问题，却毫无进展。失望的他去了海滨，他的思想在那里发生了转变。"有一天我沿着悬崖峭壁散步时，"他回忆说，"灵感来了，与以往一样简短、突然且不容置疑：不定三元体（indefinite ternany forms）的变换与非欧几里得几何的变换也是相同的。"[4]

陆冠南（Jackson G. Lu）、莫杜佩·阿基诺拉（Modupe Akinola）和马利亚·梅森（Malia Mason）最近的研究也证实了庞加莱富有洞察力的自我意识并非虚无缥缈之物。在一项实验中，参与者被要求完成创新任务，任务完成情况较好的人都是那些进行了"任务转换"的人，因为在专注手头工作的过程中进行的休息可以带来更多的发散性和聚合性思维。在解读数据时，研究人员总结说："暂时搁置任务可以减少思维定式。"[5]

和庞加莱一样，艾德·卡特姆也明白分心能够为大脑提供时间和空间，从而使问题和洞见浮现出来。他对此进行了如下的解释。

当不知道如何解决问题时，你就开启了应对问题的机制。你会进入满是"未知的未知"的问题空间。我觉得这很有趣。事实上，思想在被酝酿，我可以感受到它，大部分人都无法忽视它的存在。有时候发生了一些事情，我却搞不清楚自己的脑袋在想什么。我的大脑在处理这些信息，而我对此却懵懵懂懂。

几十年前，我在读研究生时便意识到了这一点。我当时正在用数学方法解决一些问题。从技术角度来看，这是我很长一段时间内做过的最重要的工作之一，尽管当时我没有意识到这一点。我记得自己在努力解决问题，我能感觉到大脑中已经有了某些思路。我内心深处的思想被搅动了，但是除了知道我的大脑正在思考这个问题之外，我感到一片茫然。我情不自禁地走到白板前，我是无法在纸上完成这样的事情的。我高度紧张地坐在那里，突然，答案"砰"的一声蹦了出来，于是我把它写了下来。这种感觉让我不得不说一句：
"天呐，真是奇怪。"

冲突的益处

走出舒适区的第三个好处就是，你能够有机会体验意想不到的冲突。冲突会迫使你接受这样一个事实：你看待事物的视角并非唯一存在的视角。雅各布·格策尔斯（Jacob Getzels）和米哈里·契克森米哈赖（Mihaly Csikszentmihalyi）在书中提到，创造力出现在一个人经历认知、情感或思想冲突的时候，这会迫使当事人以问题的形式表述冲突。说到这里，我不禁想起了罗宾·蔡斯（Robin Chase），她出生于中东地区，在斯威士兰读完大学来到美国。2000年，她看到了欧洲的汽车共享模式，并且意识到美国人坚信的"人人都应该拥有汽车"的想法造成了巨大的浪费以及全社会资金分配不合理的状况，于是她创立了汽车共享公司Zipcar。

这种冲突是最积极的，因为它意味着机遇。大多数情况下，企业遇到的冲突是新竞争对手的致命威胁，或者是它传统的经营模式已经无法应对当今的状况。[6]孟鼎铭告诉我，云端解决方案在企业软件界的兴起是推动SAP进行战略调整的原因。孟鼎铭和他的团队意识到企业的未来"在云端"，但是也明白他们的企业本身没有按需销售软件的能力。他们知道自己无法提出正确的问题来利用这个全新的机遇，于是SAP收购了企业服务供应商

SuccessFactors 和 Ariba 两家公司。

有时候，人们感觉冲突存在于个人层面，事实也的确如此。在前面一章中，我提到了亚马逊的杰夫·维尔克，他对人们的思维模式及其改造进行了深入研究。他认为，改造思维模式有两种方式。第一种是对现实积极提问，也就是说，假设自己错误，寻找自己遗漏的东西。另外一种就是经历某些迫使你面对前所未有的境况的严酷挑战。后者让人非常不适，但也能带来影响同样深远的洞见。

因为缺乏这种经历，我们中的许多人在突然意识到自己一直以来持有的成见或存在的盲区时，都备感尴尬甚至愧疚。林赛·莱文的团队在西弗吉尼亚州的经历便是如此。她说，在与矿工们见面之后，团队中的几个成员回忆起了联合国的一次会议：在关闭一些大型煤矿的决定被宣布之后，人群中爆发出阵阵热烈的掌声。"我现在对此深感羞愧，"其中一个人表示，"因为许许多多的人因此失去了工作。"他们并没有觉得当初的决定是错误的，但是他们多了面镜子，莱文解释说。许多年来，他们在申斥对手时没有考虑自己的选择带来的后果，而现在他们意识到，他们与自己的决定和行为带来的后果"完全脱节"。莱文评论说："依我所见，人们在那一时刻有很多的新信息需要消化。"

尼克·贝顿（Nick Beighton）是 ASOS 的首席执行官，这家在线时尚零售商最近的发展势头非常迅猛。他向我讲述了他在担任这一职位不久后和一位员工一次相当不愉快的接触。在倾听基层意见的时候，他安排了一个与大约30人的采购团队的会议。"你们可以问任何问题，"他鼓励说，"我都会回答的。"一位年轻女士举手了，提出的是人才发展的问题。"尼克，"她说，"你不是做产品出身的，你怎么才能提高我作为买手的素质呢？"贝顿回忆说，自己当时感觉遭到了当头棒喝。没错，他的确不是做产品出身的，他接受的都是会计训练。在进入ASOS担任首席财务官之前，他是一家娱乐公司的财务主管。"天呐！"他想，"这位女士绝对是在质疑我作为时尚品牌首席执行官的资格。"他很快意识到自己有些反应过度了，但这种不适感帮助他聚焦了"一个伟大的问题"。在我看来，贝顿对这位买手的回答也很了不起："好吧，让我们谈谈这个问题。你不要指望我设计裙子，但你可以期待我为你们找到这条完美的裙子扫清障碍。"

一线员工通常不会为首席执行官带来冲突感，这一事实再简单不过了。一个大受欢迎的真人秀节目正建立在这样一个基础之上。兰伯特工作室（Studio Lambert）为英国和美国观众呈现的《卧底老板》节目的整个前提是，首席执行官们在花几周时间体验底层员工的工作之后，会用全新的视角看待现存的问题。他们会揭开面纱，看到一些他们原本不知道，甚至有时候不想知道的内幕。

里克·蒂讷（Rick Tigner）的经历正是如此。作为加州肯德尔·杰克逊酒庄（Kendall Jackson）的首席执行官，他乔装打扮来到加州索诺马县葡萄园，成了那里的一名工人。他很快

第 5 章　为什么要自寻不快

便发现自己连连犯错。因为跟不上进度，他不得不想办法暂停了一条灌瓶作业线；在运输车司机对他大吼大叫的时候，他也只能缄口不言。他第一次感受到了工人和主管因为语言不通产生的问题。他还发现许多员工无法走上管理岗位是因为语言障碍，而不是因为能力问题。这些所见所闻使他和葡萄园主管劳拉·波特（Laura Porter）认为，免费的英语面授课是企业发展必须进行的一项投资，而在这之前人们也许会觉得这过于昂贵。很快就有几百名员工报名加入。肯德尔·杰克逊酒庄还为那些愿意参加两年制大学和在线课程的员工提供学费补贴。在电视节目的一个场景中，这位首席执行官看到了公司拒绝为所有员工提供医疗福利的政策如何影响了一位有三个孩子的模范员工。回忆自己在两个星期的拍摄中获得的宝贵视角时，蒂讷解释说："我知道这将是一个千载难逢的学习机会，可以帮助我看到、听到平时接触不到的东西，但我没想到这次经历还让我产生了如此强烈的情感共鸣。"

  这个故事告诉我们，原本距离一线非常遥远的首席执行官是完全可以深入基层进行学习的。通常状况下，管理人员很可能是与外界隔离的，他要么只询问那些他关心的问题，要么根本不去工作现场。其他人也会在不经意间孤立他，不想让他受到令他不悦的消息的影响，或者引导他把注意力放在他们认为最为重要的问题上面。值得庆幸的是，在工作和生活中，除了乔装打扮，许多方法都可以有效地帮助我们更多地了解第一手信息。

几个训练方法

从逻辑上理解不适环境如何有所裨益是一回事，真正寻找甚至创造这些不适环境又是另一回事。下面我将为大家提供一些具体建议。

去远方生活

我和梅森·卡彭特（Mason Carpenter）以及杰勒德·桑德斯（Gerard Sanders）的研究显示，一个人生活过的国家越多，他或她就越有可能利用这些经历推出创新性产品、流程或业务。我们还发现，那些由曾有过海外工作经验的首席执行官领导的公司的财务业绩要优于其他公司——平均高出约7%。[7]

在《创新者基因》一书中，我、杰夫·戴尔和克莱顿·克里斯坦森提出，如果曾经在多个国家生活过，那么包括企业、政府和社会组织在内的组织各个层面的创新型领袖提出宝贵新思路的可能性会翻番。这一点的相关证据十分充分，我的家人的感受也与这一点一致，我们有十几年的时间都生活在海外：英格兰、芬兰、法国和阿联酋。完全浸入新文化可能会让你感到非常痛苦，但你会因此改变自己看待世界的视角，这对寻找创新解决方案来说至关重要。[8]

走陌生路线

法迪·甘杜尔（Fadi Ghandour）是约旦公司安迈世（Aramex）的创始人，这是一家国际物流和交通供应商。在企业成立初期，一件事情改变了他的思想，当然，这件事情的发生绝非偶然。有一次，甘杜尔在凌晨两点抵达了安迈世业务的重点城市迪拜，准备参加几个小时之后的会议。他没有选择乘坐豪华汽车，而是请公司的一位快递员开送货卡车来接他。在去酒店的路上，他提出了各种各样的问题，并且认真聆听了快递员回答。当阿拉伯炙热的太阳升起时，他召集了当地所有管理人员开会，并邀请了一些快递员参加。在会议上，他提出了同样的问题，让所有参会人员都能听到他们不知道的运营问题。

这个例子中很重要的一点就是，甘杜尔把会议的基调定义为"共同探索"。大家没有感觉自己被要求解释为什么这些问题都被忽略了，要等老板来发现。恰恰相反，员工因为有了发挥集体解决问题技能的机会而感到活力十足。同样重要的是，甘杜尔强调这种方法应该成为包括他自己在内的管理人员在酿成大祸之前发现"未知的未知"的惯例做法。他规定，管理人员应该定期离开自己舒适的办公椅，去做快递员的工作。最近，随着财富的增长，他已经成了中东最成功的风险投资者之一（他担任 Wamda Group 的执行主席，这是一家面向阿拉伯国家技术公司的风险资本基金会），他依然坚持这一做法。他每天至少要和与自己有业务往来的 95 家公司中的两位企业家交谈，而且通常都不在他的办公室里,从而了解、解读他们在市场中的所见所闻。

也许甘杜尔提倡的做法听起来并不是那么难以接受的,事实的确如此。同时,如果你是一位首席执行官,那么想想你最后一次做出类似甘杜尔在机场做出的决定是什么时候。在经历漫长疲惫的旅程之后,你知道自己一踏上停机坪就会有无数消息和电话需要回复,此时你难道不想踏进豪华汽车吗?就像甘杜尔对我说的那样:"如果首席执行官们不想这样做,那么没有人会强迫他们。"人们总有理由逃避。他坚持说:"但是,我会告诉他们,试一次吧,到处走走问问,友善一些。记得不要带太多随从。"

在家庭生活中,伴侣也可以采取类似方式来了解彼此面临的独特挑战。比如在孩子们还小的时候,我的妻子选择在家做全职妈妈,当时我总觉得自己关于教育孩子的见解更高明。但是后来我休假三个月在家照顾孩子,以便妻子能够完成教学实习,那时我才意识到自己关于养育孩子的高谈阔论并不是那么有见地的。

甩掉随从

马克·贝尼奥夫是我在阐述这个问题时最喜欢举的例子,因为我们两个第一次进行面对面的交流是在达沃斯世界经济论坛的会议上,当时我们都独自走在路上,我认出了他。我后来了解到,这是他一直以来的习惯。不管你来自旧金山还是夏威夷，旅行的意义都在于遇到那些本不可能见到的人。后来，在我与一位经常参加达沃斯论坛的女士聊天时，她说她注意到了一个规律：被随行人员包围的领导者是最不可能提出或听到任何有趣问题的，她认为这正是他们无法改变世界的原因。如果想要思维受到有益挑战，你就必须与不同的人交流，最好还是在不同的地点。有人对我说："和那些与你想法迥异的人谈一谈。"从此以后，我便将这句话牢记于心。

直面批评

在太阳马戏团，每当一个新的表演排练到最后阶段时，员工们就会举行名为"狮子窝"的活动。参与过之前的节目，比如享有盛誉的《神秘人》《O》和《人类动物园》的制作的人们会应邀来观看整场节目，并提供反馈意见。这些人不仅见多识广，而且铁面无私。《洛杉矶时报》的记者曾在预算高达1亿6 500万美元的拉斯韦加斯秀《卡》揭幕之前参访过它的导演，那也是他即将参加"狮子窝"活动之前。"这是一件非常、非常残酷的事情。"他对记者说。不过据记者观察，尽管他嘴上这么说，但听起来他的兴奋明显超过了恐惧。[9]

"狮子窝"活动是个极端的例子，但首席执行官丹尼尔·拉马尔认为，面对批评是太阳马戏团的日常经历。他告诉我，时常进行内部辩论的公司文化之所以流行，是因为盖·拉利伯特"非常善于时刻激发我们的思路"。

在一般企业中，如果你在会议上提出了一个思路，我会非常友善地予以回应，因为我希望下次我在会议上提出自己想法的时候，你也能够友善对我。但太阳马戏团不是这样的。在这里，我们会进行激烈辩论，以确保胜出的是最优思路。这个思路是来自你、我还是老板都不重要，重要的是我们需要辩论。我经常收获意料之外的惊喜，但事实上，我们可能要探索几十个思路，才能得到满意的结果。

乘坐经济舱

如果你有机会与流行的 EG 大会的创始人迈克尔·霍利（Michael Hawley）交谈，那么你一定要好好抓住这个机会，因为根据我的经验，他总能旁征博引，以独特的角度来进行任何谈话。有一次他对我说，在 EG 会议开始之后，他喜欢退到房间的最后一排，也就是票价最便宜的区域。当然，大部分人都喜欢坐在前面，以便听清每一个字，偶尔还可以和演讲者有目光接触，这会提高他们的参与感。而霍利认为，通过走向外围，他更有可能走出自己内部的小圈子，可以接触到更多批评的声音。要知道，票价便宜的座位不仅离舞台最远，也离外部世界最近。

几年前，我和瑞典家具公司宜家的一位管理人员进行过一次对话，他告诉我，宜家的创始人英格瓦·坎普拉德（Ingvar Kamprad）在他 70 多岁的时候还会组织并参加青少年会议，以拉近与年轻人的距离。虽然已经跻身世界级富豪的行列，但他从未买过私人飞机。他不仅乘坐商业飞机，而且还购买经济舱座位。回到地面上，他也同样喜欢乘坐公共交通。消费品行业有句名言："服务于精英，你需要与大众共餐；服务于大众，你需要与精英共餐。"坎普拉德决心挑战这一规则。他在 2000 年接受《福布斯》杂志采访时表示："我认为自己的任务是为大多数人服务。问题是，你怎么才能知道他们想要什么，怎样才能为他们提供最好的服务？我的答案是靠近普通人，因为从本质上讲，我就是他们中的一员。"[10] 这是一个下决心不让自己周围形成泡沫的人。

适度

"不适"是一个相对概念。如果你的目标是提出新问题，那么你的体验不能过度不适，否则你的思维将会停滞，并切换成生存模式。我产生这一体会主要是因为从珠穆朗玛峰基地和昆布冰川回来之后的一个星期，我只能待在家里休养；我并没有从这一经历中得到任何洞见从而提出新问题，而是根本无法进行正常思考。对培养我提问能力更为有益的是频繁地旅行，这能使我转换到不确定模式，而不是危险模式。

检查舒适度

无论是更频繁地进入陌生环境还是形成新习惯,如果你想要改变自己的行为,一个有用的早期做法是找到你当前相关活动的基准线:你工作日中有多长时间是在办公室之外度过的?在办公大楼之外?在公司之外?在行业之外?在城市之外?在国家之外?在大洲之外?在你家之外?在社区之外?想一想,上一次有人提出让你思考再三,甚至感到不适的问题是什么时候?你上次问别人这样的问题是什么时候?你无须太苛刻,找出几个容易衡量且能反映问题的指标就好,这些指标将反映你如何冒险走出常规生活。就像在生活的其他领域中一样,偶尔检查一下自己的状况,然后发现指标有所上升,你会有更大的动力继续前进。

可怕的安乐椅

Clif Bar 能量零食和其他有机食品饮料产品企业的创始人加里·埃里克森(Gary Erickson)就是一个喜欢提问的绝佳例子。他在创立公司的备忘录中写道:"在 Clif Bar,我提倡把一无所知的价值观作为一种领导和企业风格,积极提问、避免绝对思想、保持谦逊、寻求他人智慧。"他还提到了自己刚刚招募的一位员工的故事。这位员工之前在一家大企业从事管理工作,在他寻求适应新公司的建议时,埃里克森告诉他:"多问问题,不要多给答案。即使认为自己已经有了答案，你也要把它变成一个问题。你会发现自己无法理解我们这里的许多做法，你可能想要改变它们。先把它们找出来吧。"

他是如何培养出这种对提问的高度重视的呢？这是通过实地考察以及乘坐经济舱环游世界实现的。他把自己推出了舒适区，现在他明白了这如何改变了他。他写道："在世界各地的旅行使我变得谦逊，我年轻时相信做事的方式有对有错，这个世界是非黑即白的。在以色列生活的一个月以及在印度和尼泊尔生活的三个月深深改变了我对世界和生活的理解。我已经不再相信绝对的对错。我遇到的各种各样的民族、文化和宗教使我深深感受到了自己的无知。旅程结束之后，我不再认为自己需要知道所有答案，它教会我的是提问。"

本章讨论的主要是走出舒适区、不受惯常思维影响的重要性。但是谁真的愿意花时间处于不适状态中呢？也许是那些愿意锻炼自己提问能力的人。就像可口可乐前任总裁艾哈迈德·博泽尔（Ahmet Bozer）所说的那样："提问能力就像肌肉一样，高强度的锻炼是保持提问能力的唯一途径。"和承认错误一样，不适的体验会向大脑发出信号，告诉它必须寻找解决方案。不适感可能是轻微的、慢性的，也可能是剧烈的、极端的。无论如何，我们的头脑都在不断地寻求更好的东西，并反复思考它的来源和解决方法的核心问题。

和我一样，埃里克森也喜欢搜集人们关于提问的真知灼见。他曾经引用过诗人、作家温德尔·贝里（Wendell Berry）的建议:"提出没有答案的问题。"长期以有限的预算旅行的经验为他提供了丰富的体验和回忆,但是他明确指出自己最看重的是它对他求知欲的影响。回到家中,他写道:"我与作家比科·伊耶(Pico Iyer)的想法如出一辙,'旅行对我的意义在于进入复杂甚至矛盾的情况,我可以借此面对自己在家中从未想过、也不确定能否轻易回答的问题'。"[11]

QUESTIONS ARE THE

第 6 章

你能否
缄口不言

观察和倾听是两项最容易被忽视的技能。如果你发现自己一直在讲话,那么你很可能是在犯错。

ANSWER

如果你不主动在工作和生活中寻找意外之事，那么它们迟早会找上你。主动寻找它们是你及时发现未知事物的最佳方式。

我第一次与萨姆·埃布尔（Sam Abell）接触是在和圣达菲摄影工作室（Santa Fe Photographic Workshops）签订一对一辅导协议的时候。我虽然是一个业余摄影师，但是对待摄影非常认真。我知道自己这次是撞大运了。他已经为《国家地理》杂志工作了30多年，有两张照片入选了"《国家地理》杂志最伟大的50张照片"展览，是一位业界大师。然而，我很快发现他对我的指导绝不仅限于摄影技术。

　　埃布尔对摄影有非常清晰的思路。他经常说："我是一个'后层'摄影师。"他的意思是，当他构思照片时，他会考虑从背景到前景的层次以及它们之间的关系。业余摄影师都喜欢关注前景中显而易见的物体，有时候甚至不会注意到背景，而他是从最远的背景开始构思的。

　　埃布尔发现，得到佳作的方法并不是拍摄，而是主动设计。对他来说，他在刚刚开始拍照的孩提时代需要克制使镜头跟着物体移动的冲动。他学会了听从父亲的建议："安静等待，萨姆。

安静……然后等待。"先确定那些静态背景图层的呈现方式，如果你选择的摄影位置得当，你需要的完成构图的动态要素最终会进入镜头。一位女士将会昂首挺胸走过广场。一头野牛将会在草地上漫步。水手将会扔出绳子。埃布尔意识到，关键不在于追求绳子的弧度："让绳子自然出现就好。"

也许大家没有想到会在这样一本关于提问的意义的书中看到摄影技巧。我与大家分享这个故事，是想说明一个道理。在与许许多多具有创新思维的人谈到他们的工作时，我总会问："你是否有意识地营造了某种环境，或你的工作环境中是否存在某些背景要素，使得你能够发现并提出更有远见的问题？你的哪些经历帮助或者阻碍了你发现并提出正确问题，这些问题可以解锁你原来从未考虑过的新答案？"我得到的回答都是差不多的：他们不会把自己的想法强加于人，而是寻求或创造能够自然提出问题的环境，他们在这样的环境中能更好地倾听、发现。他们静静地等待。

▶ 图 6-1

萨姆·埃布尔拍摄

第 6 章 你能否缄口不言

在前面两章中，我们已经讨论过人们谈到的提出正确问题所需的两种情况：认为自己有可能犯错的状态和不适的状态。第三个与埃布尔的耐心构思有关，那就是保持安静。

从广播模式切换到接收模式

对许多人来说，保持安静不是一个正常的模式。作为老师、领导或父母，我们中的很多人都开启了广播模式，认为我们的任务就是给予激励、做出解释或给出确切指令。享有盛誉的宝洁公司首席执行官雷富礼（A. G. Lafley）总是喜欢说自己的任务就是不断向经理们重复公司的战略并且"使它保持简单"。这种清晰的传播方式是许多人的默认模式，这当然是合理的。但是雷富礼也非常清楚，这种模式不会为你打开通向"未知的未知"世界的大门。它无法帮助你制定下一个策略。

与此同时，直言不讳地表达自己的意见可能会阻碍你发现别人的反对意见。琳达·丘尔顿（Linda Cureton）是一位经验丰富的经理人，在创立她的技术咨询公司之前担任美国航空航天局的首席信息官。她建议所有会议主持人在所有人有机会形成并表达自己的想法之前，先搁置自己的兴奋和评论。但当她决定要就此写一篇博客时，她想到的绝佳反面教材却是自己的家人。夏末的一天，她和家人及朋友在牙买加度假，她的哥哥自封为团队领导，并爱上了篝火晚会。他被一个当地人激发了灵感。丘尔顿写道："这个当地人是我们的出租车司机、导游、汽车修理工，他为我们提供餐食、陪我们出去游玩，哥哥还希望他能够为我们策划篝火晚会……"哥哥在吃早餐时热情洋溢地向大家提出了这个想法，确定人数之后告诉大家，每人只需花费 20 美元。

但在他后来逐个向大家收取费用时，他感到大惑不解。一个又一个人选择退出，表示他们不感兴趣。丘尔顿表示，事实上，当时晚上的温度是比较高的，不太适合点燃篝火。最重要的是，大家担心风会让火势失去控制。哥哥吃惊地问，为什么没有人早点提出反对意见。丘尔顿解释说，这是因为他已经认定这是一个绝妙的主意，没有人敢反对。大家没有机会提出对于气温和火灾风险的担心。[1]

我之所以要讲这个故事，不仅是因为我们在家中都有过类似经历，而且是因为这位哥哥的惊讶不难理解。我们中有多少人同样没有意识到自己在不知不觉间阻止了他人提出问题、分享观点呢？我们每天在忙于表达观点、寻求支持的时候可能错过了多少信息呢？从我多年与人交流的经验来看，这种维度的自我意识通常是来之不易的。就像 ASOS 的首席执行官尼克·贝顿对我说的那样："观察和倾听是两项最容易被忽视的技能。如果我发现自己一直在讲话，那么我很可能是在犯错。"

如果想制订成功的计划，那么你就必须关闭广播模式，并在大多数情况下切换为接收模式。人们经常通过以下方式为自己创造更加安静的环境：首先，更好地倾听；其次，花更多时间吸收其他形式的信息；最后，清除思维中的噪声。以下是我搜集到的

第 6 章　你能否缄口不言

关键洞见与具体操作。

好好倾听

我在访谈中经常提到倾听，人们也经常说这是一种难能可贵的品质。迈克尔·霍利在回忆与乔布斯的友谊时便提到了这一点。他们两个人非常亲密，在创建 NeXT 电脑公司时甚至有段时间是住在一起的。霍利在参加乔布斯婚礼时表示，乔布斯是"唯一知道我和尼娜私奔的朋友"。他在乔布斯身上发现了许多使之成为伟大创新者的品质。"但是乔布斯最打动我的，"他说，"是他的专注力。即使是在偶遇时，他也能表现出这种专注力。他总是能够恰到好处地加入对话，并以非常友善的方式表达高度的关注。这使得对方感觉他真的在集中注意力，事实也的确如此。能够做到这一点的人并不多。"安德鲁·戈登（Andrew Gordon）曾经分享过一件逸事，当时他作为动画制作人加入皮克斯公司不久，亲身体验了乔布斯对他人的关注。当时，苹果公司正在研发 iPod（苹果播放器）。他们在走进同一部电梯时还是陌生人，不过乔布斯很快与戈登攀谈起来，询问他的音乐品味与聆听习惯。在电梯门打开之后，戈登意识到，在这短短的一段时间内，乔布斯对他的了解已经相当深入了。

我也有过类似经历，那是在我第一次与 Salesforce 创始人之一马克·贝尼奥夫相遇的时候。当我问他对想要实现思维突破的人有什么建议时，他看着我的眼睛，只说了一个词："倾听。"然后他便陷入沉默,等待我的反应。我本来打算提出下一个问题,但是我克制住了冲动,继续倾听。结果,接下来的半小时里,我了解到了自己从未想到过的关于询问的艺术。

我们经常教导、鼓励年轻人锻炼自己的辩论技巧和演讲能力,以便他们能够在适当的时候对自己关心的事情做出有力论述。但是,我认为我们不够重视倾听对于形成一个好想法的重要性。内部创业者联盟(League of Intrapreneurs)的创始人之一玛吉·德普雷(Maggie de Pree)在学生时代通过自己的亲身经历了解到了这一点。她讲述了自己在耐克公司实习时发生的故事。当时,她发现了一项改进措施,并且有机会向副总裁级别的决策者汇报。"我当时满怀激情,"她回忆说,"我遇到了千载难逢的机会:用自己刚刚磨炼出来的商业技能做一番大事业。"

当时,耐克公司经营着几百家零售折扣店(现在的规模已经超过 1 000 家),但是它们的灯光设计有些浪费资源。德普雷的想法是把它们全部替换掉。她计算出了节省下来的电费多久可以填补更环保的固定装置的更大开支,而且这种可持续发展举措也可以提高公司的利润。她说:"但是这个对我来说志在必得的会议刚开始没多久,我就发现老板对这个机遇的看法与我不一致。事实上,他根本不认为这是一个机遇……"他指出了她在计算中忽略的各种数据。比如,他指出灯光是零售设计的重要一环,更换照明设备会直接影响销售情况。同时,耐克公司和其他零售大亨一样,都习惯于频繁更换店面设计,因此环保照明设备 5 年才能体现收益的时间周期太长了。

"在会议上，"德普雷说，"我深受触动。我意识到自己并没有从事实出发，而是从自己的观点出发。我在用自己的视角判断哪些因素对公司来说是重要的，而没有真正倾听什么是重要的。"她停止了对自己想法的推销，开始倾听他人的观点，这才意识到自己的观点的根基是有问题的。对耐克公司来说，重要的不是如何节省每天几分钱的电费。想要得到决策者的认同，她本应以公司如何树立在可持续发展方面的领军地位作为出发点。"这是一家自20世纪70年代以来一直引领潮流的公司，它所做的是引领潮流，而不是追随潮流……公司的信誉就在于此。"德普雷从这一经历中深深受益。当你努力想要实现变革的时候，你可以"观察他人看待问题的角度或他们的喜好，从而达到事半功倍的效果"。关键在于"花时间倾听他人想法，了解人们的需要、关注重点以及动力"。[2]

给自己装上消音器

马萨诸塞州前州长、现在就职于贝恩资本（Bain Capital）的德瓦尔·帕特里克（Deval Patrick）是"停顿的力量"的大力倡导者。当我问他通常采用什么方法发现自己所在领域的"未知的未知"时，他表示："这可能太严肃了，听起来好像我遵循了某种原则，不过我注意到的一件事是，大家似乎都喜欢无缝衔接的对话。"抑制这一冲动使他受益匪浅。他说，比如某人"正在艰难地向老板解释出现的问题，如果你稍等一下，那么他也许就能做个深呼吸，然后把事情讲下去"。一个简单的停顿会带来"层次丰富的宝贵信息"。

这是一条了不起的建议，还有一个与之相关的重要问题：停顿的时候你在想些什么？你是不是在忙着遣词造句，以期一针见血、一锤定音？还是你在假设自己需要的一些关键洞见就在对方的大脑中，所以你需要循循善诱地让他讲出来？西蒙·马尔卡希告诉我，他已经学会了提醒自己实践后者："我的脑海中一直播放着这样的背景音：不要陈述，要提问。不要陈述，要提问。"

高级调解员托尼·皮亚扎（Tony Piazza）对于倾听的看法更有见地。自20世纪80年代以来，他帮助人们解决了4 000多起争端。向他寻求帮助的客户通常都陷入了无可调和的僵局，因为双方立场出现了严重的分歧。皮亚扎需要做的就是重塑双方提出的根本问题。大部分客户都处于暴怒状态，深信自己的是非观。皮亚扎知道，必须要把他们的注意力转向找到符合现实情况的解决方法，才能扭转拖延已久的糟糕局面。通常情况下，他只有一天时间可以施展魔法。

我是从一位律师朋友克劳德·斯特恩（Claude Stern）那里听说皮亚扎高超的调解技巧的。1989年，他第一次请皮亚扎帮忙处理一个案件。下面是斯特恩的讲述。

在当事人和律师都在场的一次会议中，我做完开场演讲之后惊讶地发现托尼不仅重复了我的讲话，而且理解精准，

第6章 你能否缄口不言

对重点的把握也很到位。他是这方面的大师。这种精准的记忆力使得发言者和调解现场的客户都立刻感觉受到了重视。律师和客户都相信:"你真的在倾听我说的话。"托尼因此赢得了极好的信誉。

在律师发言结束后,托尼会说"我只有几个问题",并且强调"我提问不是为了让别人感到难堪或羞辱别人,我只是要提几个问题"。然后他会发问,使对方意识到自己所持立场的弱点。这些问题并没有恶意,也没有攻击性。它们就是简单的问题,目的在于告诉律师及客户"也许你们可以对此做进一步的解释"或者"我感觉你们关注的重点在这里"。

在另一方发言结束后,托尼会重复这一过程。因此在调解会议的最后,双方的弱点都会被指出,问题最终也会被解决。托尼解决问题的方法就是向各方展示他们的弱点,分析他们的风险。双方最终会达成一致,因为他们都希望尽量最小化风险。这就是他采用的调解方法。

在我当面见到皮亚扎之后,他表示,如果魔法真的发生了,那并不是因为存在魔法公式。关于调解技巧的书籍和研讨会有很多,他也研究过一些。其中的大多数都试图为不同情境提供标准的调解流程或技巧,但是皮亚扎认为这些书籍带来的影响是弊大于利的。"只要你带着先入为主的观念思考如何让某人从状态A转变到状态B,那么你就等着事态恶化吧,"他说,"因为如果你把心思都花在分析人们的行为符合书中的哪种行为模式上，那么你从某种意义上来讲就在给人们贴标签，而不是予以他们尊重、认真倾听他们的诉求。你关闭了自己的'同伴模式'，查看了自己的工具包，试图将其应用于'D5号问题情景'，但是这种方式阻止了你与对方进行真正的沟通。"

皮亚扎的目标一直都是尽量减少割裂，因为正是割裂催生了冲突和争斗。但是他考虑的割裂绝不仅仅存在于对立双方之间。调解者也需要缩短他们与双方的距离，这意味着"竭力消除自己的成见以实现与对方的同步"。只有这样，调解者才能利用苏格拉底式提问实现突破，从而消除双方的对立。如果你提出的问题是基于自己的假设的，那么你听到的回答也很有可能是自己思想的回声。"在这种情况下，"皮亚扎说，"把它们称作苏格拉底式提问几乎是在侮辱苏格拉底。"

做好迎接惊喜的准备

生物技术企业家、葛兰素史克现任研发总裁赫尔·巴伦（Hal Barron）也指出了人们对即将听到的内容进行假设的倾听问题，他此前曾在谷歌旗下的抗衰老公司Calico和瑞士罗氏公司担任过类似职务。他说："最重要的是真正地、积极地倾听。当你开始在大脑中讲故事时，你就没有在倾听。你必须清空自己大脑中的故事，必须真正打开自己的耳朵。"他使用的"故事"一词很有意思，它暗示你的脑中已经形成了叙事结构，因此你确切地知道下一步会发生什么,所以你就会听到那些内容。"只有你真正地倾听,而不是把别人的话往自己的故事里套,"他说,"你才能提出高质量的问题。因为你还不确定故事的走向,所以你不得不提出高质量的问题。"

巴伦之所以关心这个话题,是因为他曾多次目睹提出正确问题的力量,而且也相信这是一种应该有意识培养的技能。当我提到很多经理人都更关注答案而不是问题时,他表示很难判断他们孰优孰劣。"这取决于你的工作性质、你所处的人生阶段以及你的目标。"如果一个人年纪轻轻或刚刚进入某一行业,他们的成功便建立在个人贡献以及成为"房间中最聪明的那个人"的基础上。"人们知道如何在这种拥有所有答案的模式中行事,"巴伦说,"因为这是我们大多数人接受培训的一个阶段。"但是随着职务的提升,你领导的员工越来越多,影响力也越来越大,你关注的焦点就需要转移到"利用高质量的问题使其他人成为房间中最聪明的那个人"。问题在于我们接受的这一阶段的培训很少。我们通常都是看到鼓舞人心的领导的类似做法,然后意识到:"嗯,我也要这样做,因为我看到了成效。"我们需要找到一个榜样,然后仔细观察。

金融服务公司Coinstar前任首席执行官,现在担任企业服务公司RetailMeNot首席财务官的斯科特·迪瓦莱里奥(Scott Di Valerio)也坚持认为,想要实现有效倾听,就必须清空大脑中对于对话的预期。在与熟人交谈时,他不断提醒自己要"从零开始"。这一方法是他很久之前从他的妻子,一位专业心理治疗师那里学来的。你对某人的心理预期以及对他们言行的记忆都很容易妨碍你真正理解对方的真实想法。

有些人不仅做好了迎接惊喜的准备，还热切盼望惊喜的到来，他们会鼓励、帮助对方表达自己的想法。丹尼尔·拉马尔告诉我，他认为太阳马戏团创始人盖·拉利伯特"最让人为之惊叹的品质"之一就是，当别人在会议上表达不着边际的想法时，他总会鼓励对方说下去，而此时大部分人都会喊停。会议室中的其他人也许都表示高度质疑，准备否定此人的想法，而拉利伯特却会坚持："好的，继续。我对此不太有把握，但是请你继续说下去。"

在与 Infosys 的创始人之一南丹·尼勒卡尼交谈时，我发现他也使用了类似方法。作为一个需要在各个方面给予别人指导的人，他非常明白保持安静模式是多么困难。"这是商界领袖们面临的最大挑战之一，"他说，"因为他们的大部分工作都需要下达指令。"但这使得有意提高倾听技巧变得更加重要。尼勒卡尼试图重点关注非语言信息，这也是面对面交流的重要组成部分。最重要的是，他强烈建议人们以非常乐观的心态进行对话，相信自己会从中收获宝贵的信息。他认为，"在交谈时，即使对方说的很多事情都没什么价值，但总会有一些宝贵的信息蕴含其中"。如果这些宝贵的信息未被注意到，那么这是对每个人宝贵时间的浪费。

重要的是要记住，如果你不主动在工作和生活中寻找意外之事，那么它们迟早会找上你。主动寻找它们是你及时发现未知事物的最佳方式。

亲和力

我在采访中涉及的最后一个与倾听相关的环节发生在交流开始之前：如果你想得到倾听的机会，那么对方必须认为你是可以亲近的。亲和力很可能在不知不觉中被折损，电子设备就是一个很明显的例子。比如你在本可以和周围人交流的时候拿出智能手机沉溺其中，或者戴上耳机闭上眼睛，你就消除了偶遇的可能性，从而失去了了解"未知的未知"的机会。

你如果愿意，有很多方式可以提高亲和力。尼克·贝顿很愿意加入ASOS这家时装公司的原因之一就是他一直很注重着装。他非常喜爱自己量身定做的高档西装和一系列优雅的领带，但ASOS经营的是流行服装，大部分员工都是20多岁的年轻人，他们的穿着更像是嘻哈艺术家而不是律师。贝顿告诉我，他不久之后就抛弃了自己精心挑选的衣服。除了几套需要在特殊场合穿着的西装之外，他"把其他衣服都放在易贝上卖掉了"。穿着西装去上班，会拉开他与其他员工的距离，会在他们之间竖起无形的屏障。

里奥尔·迪维也认为亲和力取决于"你的一切：着装、外貌、形体语言、待人接物的方式以及别人对你待人接物的方式的看法"。他开玩笑说："也许讨论'亲和力'就意味着你已经失败了。因为它植根于你所做的一切，根本无须讨论。亲和力是天生的。"

斯坦利·麦克里斯特尔（Stanley McChrystal）将军也持类似观点。他告诉我，在多年前他还没有成为将军的时候，有人指责他傲慢。那个人指出，他在进入房间之后很少与人交谈，特别是与同伴交谈。麦克里斯特尔将军认为自己性格内向，承认自己在鸡尾酒会这种场合感觉很不自在，因此总会自我封闭。这一尖刻的反馈使他意识到，在与别人交流之前，他的行为已经给他人留下了坏印象。

麦克里斯特尔将军深受这一批评的启发，直到现在，他还一直努力打破自己与他人之间的隔阂，比如从办公桌后走出来，和客人一起坐到沙发上。其他领导者也做了类似努力，比如把手机调成静音或定期走出行政套房开展工作。这些简单的举动向大家表明他们愿意进行深度交流，也使人们更加乐意分享自己的想法。这种共情为新思路的产生奠定了基础。

积极寻求被动信息

2017年，麻省理工学院领导力中心组织了一次ASK，这是一个规模不大但气氛活跃的活动，旨在探讨如何提出正确的问题。克莱顿·克里斯坦森在会上表示，想要成为第一个发现颠覆性机遇，也就是提出正确问题的人，我们就应该"积极寻求被动信息"。他把被动信息定义为我们需要的"没有声音、没有清晰结构、没有拥护者或者明确目的"的信息。也就是说，你不会因为有人认为它很重要，或对它做出了清晰的描述而注意到它。它只是未经筛选的背景信息。它一直都在，但并不引人注目，需要你去寻找它、探索它、体验它。

比如，你是一位心怀远大抱负的企业家，或者你的工作需要你设计新产品或推出新服务。你想给这个世界带来前所未有的全新的东西，但是你如何感知人们需要某个根本不存在的东西呢？因为它根本不存在，所以没有消费，也就没有相关数据。你也无法设计一份市场调查研究报告，以此找出不存在的必需品以及人们愿意为之花费多少钱。但如果你意识到自己的周围或其他可以探索的领域充满了被动信息，那么你是可以积极利用它们的。你可能会发现某位顾客对于交易失败感到沮丧，或者意识到某项应用于其他领域的技术也可以被应用在自己的领域中。"因为被动信息并不明显，"克里斯坦森说，"所以我们需要寻找它，需要把所有线索整合起来。"如果我们有意识地整合现实生活中杂乱无章的背景信息，而不是坐在那里等着条理清晰的分析报告呈上来，我们就有可能重塑问题，从而给出人们需要的创新解决方案。[3]

克里斯坦森的评论让我想起了彼得·德鲁克的一句名言："创新机遇并非伴随着狂风暴雨而来，而是伴随着徐徐清风而来。"这些评论让我更加深刻地意识到，并非所有倾听都只是一个人试图传达信息。创造安静的环境不仅仅是不去掌控整个对话，更重要的是要在更大的范围内保持接收模式，要冒着被噪声淹没的风险寻找各种微弱的信号。这就是"内观"的核心思想，也是埃伦·兰格及其追随者对待世界的态度。[4]这里无须对该研究做详细介绍，其基本思想就是更加关注自己生活幕后的事物。

我在麻省理工学院的同事埃德加·沙因认为这种方法远比咒语和冥想有效。他回忆起与兰格关于关节痛病人的谈话。当疼痛发作时，病人对自己的感受一清二楚，因为这并非常态。但是她会问病人："不发病的时候呢？你在不发病的时候是什么情况？"这个问题深深触动了沙因，因为他突然意识到"你忽视了自己3/4 的生活，因为你认为它根本无关紧要"。内观意味着更多地关注平时被忽略的事情，你认为理所当然的事情，以及你很久之前就不再提出的问题。总之，它是漫不经心的对立面。

给自己留出安静的思考时间

留出时间在安静的独处状态中进行深度思考并倾听自己的想法也是非常重要的。最近，我很同情一位欧洲零售公司的高管，因为她"被抓住不务正业——思考"。这个场景真是太经典了。她倚靠在办公椅上，望向窗外，非常严肃地思考一项战略挑战。这时她的老板，公司的首席执行官，从旁边经过，注意到她正在"无所事事"。他问道："你在做什么？"从沉思中被惊醒的她简短地回答："思考。""那么你什么时候开始工作？"——他接下来的话无疑表明了他的态度。对此，我的反应是摇摇头，表示难以置信。但是她似乎已经习以为常了，说道："相信我，不管是在过去还是现在，这种事情都是经常发生的。"

享有盛誉的麦吉尔大学领导力学者亨利·明茨伯格（Henry Mintzberg）曾经在几十年前研究过首席执行官的日常工作模式。他的分析表明，他们每天花在每项任务上的平均时间是 9 分钟。没错，高层领导平均只花 9 分钟时间专注于一个项目，然后就进行下一项任务了。[5] 2017 年，哈佛大学商学院研究了 6 个国家的 1 114 位首席执行官的工作模式，得出的数字更低：他们平均每天花在每项任务上的时间只有 5.3 分钟。[6] 与此同时，基层员工的工作节奏似乎也在加快。简单来说，大部分组织的人们，无论是高层还是基层员工，能够进行严肃思考的时间都越来越少。

创新型提问者的标志之一，就是他们会坚持找时间清空自己的大脑，深入思考待解决的问题，而且通常是在独处情况下进行这种思考。我经常问学生或参会人员："你们在什么地方最能产生最佳新思路？"答案几乎都是一致的：思绪可以不受打扰的地方。比如在飞机上、骑自行车或洗澡时。我们全家在法国生活的时候有一所名叫"幽居"的老宅，坐落在枫丹白露附近的特鲁瓦皮格诺斯森林边上。这是一个适合独处的地方，即使附近有人也没有关系。我们的房客经常表示它激发了他们对工作，甚至对生活的反思。

每天阅读，深入阅读

在我看来，我的研究生导师邦纳·里奇是这个世界上最伟大的提问者，当我询问他如何培养从不同角度看待问题的能力时，他的回答很简单："读书。"还有什么更能让你安静下来专注获取信息的方式吗？不出意料，其他人也有类似观点，比如易贝的创始人皮埃尔·奥米迪亚和威睿（VMware）的创始人之一黛安·格林（Diane Greene）。艾德·卡特姆特别喜欢阅读非虚构类书籍，从伟大历史学家的经典作品到最新的神经科学文章，他无所不读。这些书籍给予他的信息是他在日常生活中无法获取的，但是能够激发他对当前挑战的新思路。

阅读的好处值得我们多用一些篇幅进行讨论，因为这些好处不仅与文本自身形式有关，还与读者的思维方式有关。在文本形式方面，我们通常认为散文比口语或其他不太符合语法要求的格式更有条理、更清晰。写作是一种非常有效的能够最清晰地呈现大量信息的方式。我想这也是亚马逊公司要求经理们以文章而非演示文稿的形式提交建议报告的原因。当人们谈及亚马逊公司的文化时，总会提到它对写作和阅读的重视。

而且，一篇精心构思的文章通常能够明确表达它想要回答的问题。作者经常在开篇明确地讲述自己要讨论的问题以及为什么这些问题是正确的，而不管其他人在之前是如何定义这些问题的。第1章提到的马尔科姆·格拉德威尔就是如此。这阐释了我一直在探讨的催化性质：清晰地表述一个有趣的问题会激发读者的兴趣，在这之后的探索也就顺理成章了。

同样重要的是，静下心来认真阅读的读者期待从中有所收获。而且因为阅读材料不需要人们立刻做出回应，读者在遇到有挑战性的想法时，不会有必须当场回应的紧迫感，他们可以多花些时间进行思考。如果有人被其内容激怒，他们也会有时间进行消化。如果有人感到疑惑，他们可以重新阅读或查阅其他资料。观看纪录片、在线谈话或现场演讲都有类似优点，但是读书所需要的时间投入和专注力也许会增强人们对书中内容的理解和认同。或许这并不是一种解决新问题的显而易见的方式,但是它的确能够使人们进行高效的独处。[7] 在这种沉思的时刻,财捷集团创始人之一斯科特·库克(Scott Cook)的座右铭"品味惊喜"显得再恰当不过了,因为这正是最佳新问题以及随之而来的答案浮现的时刻。

清理你的头脑和心灵

马克·贝尼奥夫、莫琳·希凯、瑞·达利欧(Ray Dalio)和奥普拉·温弗瑞(Oprah Winfrey)等人提倡的最后一种安静就是正式的冥想。艾德·卡特姆每天早晨醒来之后都会花一个小时进行冥想。他信奉佛家思想,甚至参加过沉默冥想修行。在为期 10 天的"崇高静默"中,参与者将接受指导,学习调整呼吸,长时间专注于自己的内心,并且练习加强对被忽视的感官的感知。为什么要这么做呢? 这和佛家的其他教义一样,都是希望我们能够摆脱生活中的俗物的束缚,因为它们可能在我们不知不觉中带来痛苦和阻碍。人们说这种沉浸于静谧之中的方法可以帮助他们深入思考,什么是生活中最重要的事情。

它还可以帮助人们塑造更有利于创新思想的思维习惯。在一次与迪士尼动画公司高级制作副总裁安·勒卡姆(Ann Le Cam)的谈话中,我们聊到了卡特姆。"我还记得他第一次来到迪士尼时的情景,"她对我说,"在了解了这里的一些情况之后,他总会问:'你们为什么这样做?'他总是会问这种宏观的问题,然后就陷入长时间的沉默。他会坐在那里看着你。然后你开始回答，开始向他解释。"当别人向他提问时，卡特姆也会停下来思考自己可能会即兴给出的答案，并努力让它更加深入。这种谈话与通常谈话的节奏有很大的不同，人们最初对此有点不感兴趣，然后就会"感到其中真的有一些有价值的想法"。就像皮克斯的一位动画制作人所说的那样："这就像一种冥想。"

管理创新型企业的绝不止卡特姆一个人，珍视冥想价值的也绝不止他一个人。马克·贝尼奥夫每天也是如此，他的期望很明确：消除自己心灵中的噪声，从而使自己能够更好地感受世界的细微变化。根据他的描述，他首先进行感谢和认同，然后是谅解，把烦心事或失望的事情抛之脑后。他承认自己有焦虑感，于是特意把这些情绪放到一旁。清理好这些本有可能消耗自己思绪的事情之后，他就打开了通向新的感知和思想的大门，而平时这些新思路的信号很有可能被淹没。众所周知，冥想对神经系统是有影响的，研究表明它可以降低血压和呼吸速率。但有强有力的证据表明，它还会通过营造能够产生新问题和洞见的空间来促进创新性思维。

沉默的声音

本节聚焦创新型人才在工作和生活中注重的三要素中的最后一个，我们称之为沉默的声音。对许多人来说，这是最难实现的一项。[8] 我们的本能状态是广播模式，而不是接收模式，许多活力四射的人尤其如此。我们必须有意识地、不断地、积极地锻炼自己的接收模式,才能让催化性问题得以浮现。

毫无疑问,坚决不提问的人能够明确地传达自己的信息。他们在阐述完自己的观点之后便不再倾听,不再寻求更多的输入。与之相比,提问者努力接收信息而不是传播信息。有些人在个人层面上通过冥想和提高倾听技巧等方法实现这一点。有些人则通过为自己领导或服务的团队制定新的规则和流程来实现这一点。

成功的个人、团队和组织都会积极地营造可以使创新性思维得以蓬勃发展的背景环境。有意识地营造了这些稳定的状态之后(包括可能犯错和走出舒适区的情况),他们就可以等待了。也许他们有些不耐烦,但是他们坚信,某个转瞬即逝的宝贵洞见将会浮现出来。最重要的是,他们可以在它出现的时候将其识别出来:它具有一瞬间的光芒,这种光芒值得等待、值得他们为之构建所有的背景要素。这正是他们努力的方向。

他们安静地等待。

▶ 图 6-2

在耶路撒冷安静地等待行人

▶ 图 6-3

在塞纳河畔安静地等待船只

▶ 图 6-4

在波士顿北部海岸安静地等待巨浪袭来 [9]

在很多情况下，伟大的问题没能带来伟大的答案，正是因为这些问题一开始创造的积极情绪和能量没能被有效地引导。

QUESTIONS
ARE

第 7 章

如何引导能量

只有两种方式可以改变他人：要么改变他们的外部环境，要么改变他们的内在环境。

THE ANSWER

2002年的一天，当时在一家私募公司担任财务高管的罗斯·马尔卡里奥（Rose Marcario）坐在一辆豪华轿车内，堵在纽约的路上。她到纽约是为新一轮的投资募集资金。轿车慢慢停下来，她忍不住叹了口气。向窗外看了看，她立刻找到了问题所在：有个人正在过马路，他明显有精神问题，在马路上逡巡不前。马尔卡里奥的母亲患有精神分裂症，因此她非常了解这种病的症状。但是时间一点点过去了，她的耐心也一点点消失了。"这个人耽误了我的时间，"她后来回忆说，"而我正要赶往目的地！"过了一会儿，她在车窗中看到了自己。她几乎已经认不出自己愤怒、紧张的脸了，于是她请司机靠边停车，自己走了下去。"我走到中央公园去亲近自然，然后在想，"她说，"我怎么变成了这个样子？这就是成功吗？"[1]

这正是具有催化作用的问题，这一时刻可以改变一切。我们中的大部分人都有过类似经历，感到震撼，发现了可以提高自己的机会，但是最终并没有因此改变。我们的注意力可能被转移了，或者我们意识到改变需要牺牲和艰苦的努力，于是我们放弃了。但是马尔卡里奥没有，她真的辞职了。后来她花了很长时间思考什么样的工作才能与她的理想匹配。最终，她做出了重大改变，接受了一家致力于可持续发展的公司巴塔哥尼亚（Patagonia）的邀请，担任该公司的首席财务官。5年后，她成了该公司的首席执行官，并且一直工作到了现在。

罗斯·马尔卡里奥与我们的区别在哪里呢？答案很简单：她最大限度地利用了那一反思时刻，从中找到了动力，并且把能量转化成了行动。她一直坚持到新的洞见成为新的现实。只有如此，她才能够实现自己的问题的潜在价值。

无论是个人维度还是社会维度的转变，提出正确问题总是至关重要的。科学进化史《独创性追求》（*Ingenious Pursuits: Building the Scientific Revolution*）一书的作者莉萨·贾尔丁（Lisa Jardine）指出："任何一个领域实现进步之前都会出现突然爆发的想象，相关群体随后会认可这些想法，并且把它们进一步转向实际行动。"[2] 但就像此论断所说的那样，问题只是一个开始，它是解锁答案的钥匙。通常，解锁答案需要不懈的努力，把新的解决方案付诸实践更需要不懈的努力。

用我最喜欢的比喻来说，这种问题具有催化作用：它减少了思考的障碍，并且为新的思路注入了能量。但是这种能量必须与某些改革动力结合起来，必须得到管理和维系。我想，这就是问题和提问者在创新和个人成长过程中没有得到足够的重视的原因。如果有一个人有所成就，那么肯定有几十个人一无所获。我们都见过提出了有远见卓识的问题，但没有坚持探寻答案及其影响的人。因为没有能够兑现诺言，他们给大家带来的失望甚至要超过根本没有提过问题的人。与此同时，他们还有可能耽误了其他行动，浪费了大家的时间。

本章将与大家分享我从那些善于利用问题的人身上学到的经验：他们善于引导能量，并且能把问题转化为洞见，继而转化为实际影响。

问题的升级

本章的开头讲述了罗斯·马尔卡里奥的逸事，部分原因是我在写作本章时，巴塔哥尼亚公司一直在我的脑海中挥之不去。前不久，我向那里的员工了解它的历史。它的建立是由于伊冯·乔伊纳德（Yvon Chouinard），一位反对物质主义的冲浪选手和攀岩选手，在机缘巧合下成了企业家。他面临的发展问题是独一无二的：我如何才能在不丧失自己灵魂的前提下谋生？

事实证明，这个问题价值无穷，值得他花好多年进行探索。他想出了如何协调自己的追求并重塑"做生意"的概念，从而缓和了它们之间的矛盾。但是随着公司的发展，另外一个相关问题变得隐约可见：这样一位关心理想与生意矛盾关系的领导者应该创立什么样的组织？他将对这一问题的思考写入了他于2005年出版的《任性总裁的成功创业法则》（Let My People Go Surfing）一书中。我想他写作的初衷并不是让自己的书登上畅销书榜，而是迫使自己理清内心的真实想法，并且向大家做出解释说明。[3]

与此同时，更大的矛盾在不断形成，人们必须加以应对。乔伊纳德的公司是建立在他对户外运动的热爱之上的，如果公司快速增长的制造和销售业务伤害了环境怎么办？如何把这种伤害降到最低？受到这个问题的驱动，公司多年来一直在不断努力，在实现纤维有机生产这个棘手任务上取得了巨大进展。

接着，公司的理想和问题又升级了。除了减少对地球的负面影响之外，它应该如何实现零负面影响？就此而言，它如何实现对环境和社会都没有任何负面影响？它现在正在质疑一个传统观点：为了实现商业繁荣，社会必须做出痛苦的让步。

但是，与服装业巨头相比，巴塔哥尼亚公司的规模很小，在这个庞大的产业中，它只是微不足道的一员。它正在按照自己的理念逐步发展，这样就够了吗？公司员工开始质疑，在全球大部分企业都在与它背道而驰的情况下，公司的坚持有意义吗？它的影响怎样才能传播到其他企业中，而且它们中的大多数都是它的直接竞争对手？即使是对巴塔哥尼亚公司的老员工来说，这些问题也相当让人伤脑筋。在一些消费者的心目中，公司对可持续发展的坚持正是它区别于其他企业的重要特征。关于影响的传播的讨论引发了另外一个问题："如果其他公司真的效仿我们，导致我们失去了竞争优势，那该怎么办？"

对我来说，这是巴塔哥尼亚公司历史上最为有趣的时刻之一，因为这个问题被翻转了。公司中其他一些人提出："如果它们不效仿怎么办？如果我们真的希望保护环境，那么其他公司的效仿不是一件好事吗？如果我们巴塔哥尼亚公司毫无保留地把我们关于绿色环保的知识告诉大家会怎么样？如果我们真的帮助想要实现环保的竞争者又会怎么样？"

罗斯·马尔卡里奥差不多就是在这个时候加入巴塔哥尼亚公司的。她被该公司提出的问题深深吸引，认为它们非常有意义，而且它们比投资领域对短期收益的重视更契合自己的理念。用她的话来说："每股收益就像锁链紧紧扼住人们的咽喉。"她决心加入巴塔哥尼亚公司，也说明这个善于提问的公司又多了一个优势：它能够吸引善于解决问题的人才。马尔卡里奥现在正在负责处理上述问题的升级版问题："我们需要采取什么样的措施，才能使其他公司感到不得不效仿我们？"

难怪巴塔哥尼亚公司的员工一直热情高涨地探索最初那个问题的答案：我如何才能在不丧失灵魂的前提下谋生？这个问题一直在不断演进。在仔细研究与该公司的许多高层领导的谈话记录之后，我发现能够提供源源不断的动力的并不是某一项提问管理或创新操作。事实上，使该公司能够一直保持提问以及寻找答案的活力的，正是它的核心文化价值和行动。

我与巴塔哥尼亚公司负责人事和共享服务的副总裁迪安·卡特（Dean Carter）的对话就清楚地表明了这一点。他告诉我，公司开创先河，取消了员工年度考核中的钟形绩效评级。许多公司在此之后也开始执行这一操作，但是在巴塔哥尼亚公司，这是对业绩管理目标进行深度质疑之后的结果。

卡特对另外一项服务员工的举措的解释深深打动了我：在总部开设一家托儿所。我们很难说这项决定是理所当然的，毕竟没有很多公司有托儿所。但是回头想想，卡特认为大家都应该这样做。在2015年加入巴塔哥尼亚公司之前，他也从事人事工作，非常了解员工管理的问题。盖洛普（Gallup）每年都会调查美国人对工作的热情程度，而结果越来越不乐观。2015年，不到1/3的员工认为自己对工作有热情，51%的人表示没有热情，还有17%的人表示自己非常没有热情。因此，卡特和其他大型组织的人事主管都一直在思考：我们应该怎样使工作对员工来说更有意义呢？

他告诉我，在巴塔哥尼亚公司工作几年之后，他非常尴尬地意识到自己过去关于这个以及其他人事问题的思路是多么狭窄。他指向走廊，一位员工正推着婴儿车走过，他说："我的尴尬很大程度上源于这个婴儿车。在从事人事工作20年之后我才发现，员工积极性以及性别平等的答案就在那里。"如此诠释托儿所的问题之后，你会发现"这是一个非常简单的答案"。卡特感慨道："如果我早点儿知道，那么我很久之前就会提倡建立托儿所了！"

这么多年以来，我考察过许多公司。我必须承认，巴塔哥尼亚公司是一个寻求真相的地方。员工崇尚公司内外的极度透明，以至于这就像一种极限运动。他们聘请乐于解决问题、追寻真相、独立行动、关心大家并且能够有所作为的员工。然后他们用价值观和实际行动支持这些极端行为，即使知道一些长期利益、事业和承诺会影响短期收益，他们也绝不在意。

第7章　如何引导能量

回到罗斯·马尔卡里奥的例子，我从巴塔哥尼亚公司负责材料创新的高级主管马特·德怀尔（Matt Dwyer）那里了解到的情况让我意识到，她会坚决把这一切继续下去。德怀尔是一位富有经验的科学家，总是喜欢挑战当前的方法和材料，比如耐用防水材料。他说："罗斯比我所遇到的所有老板都更喜欢提出让人不适的问题，更能毫不客气地表达自己的不满。"

我的意思是说，她的态度很友善，但她提出的问题仍然令人感到不适。这是我唯一能够想到的形容。我在这里工作的时间越久，就越想努力模仿她，因为我虽然能达成目标，但总是欠点儿火候。如果我需要提出两三个问题，那么她只需要提出一个问题，就能达到一针见血的效果，然后给出建议——要么解决问题，要么说："嗨，这个失败太彻底了，我们不能继续下去了。"她非常善于此道，而且毫不畏惧。

巴塔哥尼亚公司的能量引导方式就是不断挖掘问题背后更深刻、更重大的意义。这是一家不断利用提问作为立足点和抓手，以勇攀高峰的公司。

问题的展开

另一方面，凯悦酒店（Hyatt Hotel）最近成功的模式是先提出一个抽象而宽泛的问题，然后在探寻过程中找到一种方法，集中该问题创造的能量，并落到实处、做出改变。以这样一个起始问题为例：酒店管理中的重大决定往往基于运营效率，但我们难道不应该更多地从客户体验的角度来看待它们吗？在这一领域，我们忽视了什么？2011年，凯悦酒店聘请了一位新的首席创新官，杰夫·谢缅丘克（Jeff Semenchuk），随之而来的还有他关于创新的坚定的"设计思维"理念。

这一切都始于克莱顿·克里斯坦森说的"积极寻求被动信息"。当然，凯悦酒店有大量的活跃数据，它们是来自全球数百万的交易和客户交流的分析数据，但是活跃数据只能反馈人们过去提出的问题。不知为何，人们近年来没有注意到，凯悦酒店的客户群正在发生巨大的人口结构变化。就像谢缅丘克解释的那样："我们知道全球客户大约有37%为女性，而且这一数字还在不断增长，但我们对此却毫无反应。其实这是一个好机会。女性客人是否有一些区别于男性客人的需求？如果答案是肯定的，那么具体有哪些需求？我们应该如何更好地处理这些需求呢？"

谢缅丘克采取的针对性措施已经成为公司的"凯悦思维"（设计思维的凯悦定制版本）实现突破的经典的例子之一。[4] 这一过程始于倾听和学习的决心。谢缅丘克的团队开始与女性客户交流，她们中的许多人都是独自入住的商务人士。她们的旅行体验如何？到达酒店之后，哪些因素会让她们感到开心，哪些因素会使她们感到不快？谢缅丘克认为，从某种意义上来说，这正是"我们许多同事最难做到的事——观察问题而不急于得出结论"。凯悦酒店的创新手段还包括定义客户需求、头脑风暴、制定解决策略并进行试运营。但是在第一阶段，酒店团队关心的是切实体验客户的感受并搜集被动数据，从而打磨可以为后续所有工作提供动力的问题。

在定义客户需求阶段，谢缅丘克的团队仔细筛选采访记录，力图找到普遍的问题。其中的两个问题尤其突出。第一，女性在独自旅行时常常感到被困于酒店之中。她们中的许多人对于独自外出进餐颇感尴尬，对于独自探寻附近的街区也缺乏安全感。她们在房间里的时间往往比男性要长得多，这使得她们的旅行相当孤独。而且考虑到传统的人口结构，这些房间最初的设计以男性客户为目标人群，因此女性肯定不会非常享受在房间中的独处时间。第二个问题反映了这样一个事实：这些单人入住的旅行者往往是商务人士，还经常有同事一起出行。他们经常需要就工作事务进行交流，但是在彼此的房间中进行商议令他们颇感怪异。此时，至少有两项需求需要被满足：女性旅行者们希望能够在有舒适感和安全感的前提下，更多地走出房间；她们希望有空间进行临时会谈。

在团队确定了这些需求后，下一阶段的工作便是如何解决问题。他们进行了头脑风暴，但是计划本身也出现了一个问题：谁应该参与这个计划？谢缅丘克解释道："如果我们要改变的是接待问题或前台服务，通常情况下就只有前台人员参与。但是我们提出，为什么不邀请一名客房服务员？为什么不让财务主管加入？为什么不去问问餐厅服务员以及一些外部人士？或许还可以问问某些在其他行业，但从事过类似工作的人？在头脑风暴的过程中，我们竭尽全力获取多样化的意见，因为只有这样，我们才能得到最丰富的想法。"

接下来就要对头脑风暴的结果中最具前景的想法进行设计规划了。哪些想法是最具前景的呢？谢缅丘克认为下列问题可以帮助大家识别它们：最容易实现的是什么？最难实现的是什么？最具颠覆性的是什么？能实现利润最大化的是什么？在考虑过所有标准之后，我们会选择一些想法，然后开始设计它们。

方案设计的关键在于以"低级版本"的方案为起点，并根据真实客户的反馈对其进行多次迭代改进，许多设计思维拥护者和创业者便是如此操作的。这给凯悦酒店带来了挑战。把并不成熟的想法呈现给客户是否合理？酒店应该如何控制随之而来的客户体验和品牌风险？谢缅丘克向我讲述了凯悦酒店提出的第一个"遁世酒吧"方案，位于芝加哥的奥黑尔凯悦酒店便是该方案的"试验点"。当他的团队向那里的经理们提出这个方案时，他们是乐于接受的，但是他们认为改造也许需要花费三个月时间以及大概50 000美元。"我们表示，就去仓库看看有什么闲置家具，然后就可以立刻把它们拉出来使用。"他回忆说，"他们都很震惊。但是这个遁世酒吧在一天之内就准备好了，客人蜂拥而至。"创新团队对客人开诚布公，减轻了经理们的疑虑。他们对客人说："我们正在进行一项试验。您能为我们提供一些反馈吗？顺便说一下，我们并没有投入额外的费用，因此您无须担心实话实说会伤害我们的感情。我们应该如何对其进行完善呢?"客人的反馈不仅提供了很好的建议,而且表明他们真的很享受这种尝试新事物并有机会参与其改造的体验。凯悦酒店的员工逐渐意识到了方案设计带来的新问题,并且正在为之努力:"我们如何才能将成本最低的、可以给我们带来学习机会的最简方案付诸实施?"

最后,团队在凯悦思维的测试阶段也提出了一些问题:我们如何证明这一改变是有价值或无价值的?这一举措真的可以提升酒店业绩吗?任何一个从事过业绩评价的人都知道,大量问题将随之而来。哪项指标可以真正反映业绩?是客户满意度、再次入住率、财务总收入还是最终指标利润率?谢缅丘克说,凯悦酒店使用"多种方式衡量该计划产生的影响,比如收入、成本的节约和净推荐值等",而且在至少一家酒店宣布成功并且有数据证明之后,他们才会推出新的创意。[5]

对我来说,凯悦酒店的故事体现的就是问题的力量。创新团队首先提出一个可以调动积极性的宏观问题,然后引导大家尽快有所行动。我们从巴塔哥尼亚公司的历史中看到的是最初问题的不断升级,而在凯悦酒店的案例中看到的是问题的展开,包括从关注客户体验这一宏观目标到具体实施过程中的所有细节。

这些例子都极好地说明了提问的力量。它们打破了人们原有的思路,使许多人拥有了全新的视角,并且带来了皆大欢喜的效果。诸如此类的问题驱动型成功也使得组织更加乐于不断发问。

管理情绪曲线

　　能够重塑事物并指引人们发现新的解决方案的问题是激动人心的。它们可以提升人们的情绪。哪怕规模再小的问题风暴，即我在第 3 章讲述的利用头脑风暴提出问题的练习，都有这样的效果。它规模有限的优点在于易于搜集数据——激烈的问题风暴前后的情绪变化数据。超过 80% 的案例表明，进行一轮问题风暴便会对参与者的情绪产生积极影响（通常在重复这个过程几次之后，即使是拒不合作者也能出现情绪提升），人们对于本已陷入僵局的问题也能多几分信心。

　　许多故事也说明了这个道理。只要故事中有人提出一个新问题，打开了新思路，大家都会感到欢欣鼓舞。即使不能直接为我们解锁答案，一些问题也可以激发我们的想象力，让我们燃起希望。

　　这种积极的情绪反应反过来又会释放能量。许多心理学研究都说明了这一点。种种研究表明，积极的情绪可以助力创新。[6]当人们更加愉悦、满怀希望时，他们不仅会更有思维创新的动力，而且他们的认知能力也会更强。创意研究表明，如果参与者的情绪比较积极，那么他能够产生更加积极的联想，思路也会比较开阔。[7]反之，情绪消极的人更有可能错过有趣的解决方案。比如，最近的一次实验研究了处于压力中的人们，结果表明他们不太能够产生不同寻常的想法和思路。作者总结说，更大的压力使得人们更加无法忍受不同的声音，导致他们出现思想僵化。[8]

因此，参与使人思路大开、挑战假设的提问活动可以对情绪产生双重刺激。如果一个新奇的问题为得出新的解决方案带来了一丝可能，或者为似乎不可能解决的问题带来了一个新的思考角度，那么这一充满希望的活动本身也将会充满更多活力。

但这种尝试也有风险：这种积极能量的迸发也有可能导致比以前更严重的沮丧。如果解决方案被证明是不合理的，或导致了没有明显回报的漫长努力和不断的挫折，这种情况就有可能发生。在我麻省理工学院的同事罗闻全看来，这正是伟大领导者区别于普通领导者的地方。他提出一个问题：药品研发的融资是否有更好的方式？风险是融资的主要障碍。金融工程能否降低风险，带来更多资金，从而加快药品送达的速度？他提出，主要由金融资产组合公司发行的由长期债券组成的大型"超级基金"可以为陷入困境的项目提供资金，同时为大型机构投资者和基金经理提供一个更加安全的投资选择。[9]

对罗闻全的同事来说，这是一个令人振奋的问题。但是，想要取得进展意味着要在提出问题之后迅速行动起来。"仅仅有愿景是不够的，"他说，"必须将团队中的个人贡献与该愿景结合起来。也就是说，这必须是个现实可行的愿景，而非海市蜃楼。难点之一就是对同事的贡献进行预估。有时同事们甚至不太了解自己究竟能完成多少工作，因此加强对于成就、目标和能力的感知便成了整合这一切的关键。"当一个重要的问题需要人们花费数年的努力才能找到答案时，团队领导的任务就是不断给团队注入积极的能量。

在这里，我要引用特雷莎·阿马比尔（Teresa Amabile）和史蒂文·克雷默（Steven Kramer）的研究。它表明阶段性的成就感在持续参与一项任务的过程中非常重要。顺便提一下，通过发表这项研究，学者们自己提出了一个重新设计的精妙问题，可以为创意团队的领导（比如一个创新应用软件的开发者团队的领导）所用。如果领导者认为他应该聚焦的问题是"我应该设立何种奖励促进员工好好工作"，那么该研究建议他重新思考，因为更好的问题是"我还可以做什么来推动团队的进步，减少它可能遭遇的挫折"。[10] 我们应该认为员工都想要把工作做好，因此我们关注的焦点应当转向他们在此过程中可能会遇到的障碍。

在管理从启发性问题到可行的方案的过程中的情绪曲线时，我们的目标之一便是尽可能利用最初问题迸发的能量走得更远，尽量不要朝太多方向发散。我想凯悦酒店的做法正是如此。最近离开凯悦酒店，就任解决方案提供商Yaro首席执行官的谢缅丘克告诉我，引导人们工作的过程很重要，即使这样做有时候有悖于人们探索创新的本能。"他们想要做的事情涉及的领域非常广，但是我们的经验是从中选取一些重点领域，这些领域可能蕴含机遇或存在问题。"对越来越多的商务女性入住这一机遇（或问题）的探索便体现了集体力量的集中。

鲍勃·萨顿和哈亚格里瓦·拉奥（Hayagreeva Rao）研究了他们称为"扩展机会"的这一类问题，即在采纳新举措后出现了新问题：举措的涉及面是否可以更广？从某种意义上来说，这是

第7章　如何引导能量　　183

所有管理变化的过程的基础问题,因为这个过程最基本的需求是让人们采取一种更好的方式,去做他们最初没有参与创造的事情。他们对于激发这一过程活力的建议是找到情感热烈、行动冷静的人。[11] 这两点对于扩展过程是不可或缺的。没有热烈的情感,人们无法被激励去完成解决方案要求的行动。没有冷静的行动,所有情感都会被浪费,就像燃料被泼洒在地上一样,没有被注入有成效的行动中。在很多情况下,伟大的问题没能带来伟大的答案,正是因为这些问题一开始创造的积极情绪和能量没能被有效地引导。

然而,还有一种方式可以推进问题驱动型项目的发展。人们不仅可以通过最初的宽泛问题创造动力,还可以利用后续问题不断产生新能量,这种方式可以出现在项目的任何阶段。如果我在研究某个问题时,感觉自己的能量在减弱,我就会这样做。此时我会休息5分钟,进行一次头脑风暴。巴塔哥尼亚公司在寻求新方法重新思考自己存在的根本意义时也是如此。在凯悦酒店改善商务女性独自出行的体验的例子中,人们在过程中的各个阶段提出的所有问题都有非凡意义。它们可以激发个人思维,检验既有思想,不断为团队注入积极能量和动力。这种努力情绪的曲线从未出现过不可逆的骤降。

在用问题激发转变的过程中,大家必须对必将出现的情绪曲线进行管理。我想要让大家意识到的是情绪曲线的存在,以及它对大家的成功至关重要。这条曲线最初往往会因为突然迸发的热情达到顶峰,如果被问题解锁的大门不是完全敞开,而是只露出一条缝，它就开始下降。在这种情况发生时，大家需要明白，通向解决方案的新道路虽然看起来一片光明，但可能漫长且不易，因此你需要认真考虑如何不断为自己充电。如果你认为找到突破性解决方案和重塑问题一样简单，那么你就错了。如何管理情绪曲线是一个你必须要面对的问题，这个问题本身可能也具有催化作用。

伟大导师的工作

现在，是时候谈谈导师的作用了。在这里我使用的是这个词的广泛含义，包括从体育教练、行政指导到人生导师的各种导师。帮助客户管理自己的情绪和能量是所有这些领域的导师的重要工作。

我找到明星导师托尼·罗宾斯（Tony Robbins），了解他的看法。罗宾斯是位传奇人物，出版过多本励志畅销书，定期发表演讲，其观众可达数千甚至数万人。从个体角度来看，他合作的都是一些能量极高（其中一些也非常有钱）并且希望好好利用这些能量以实现最大成就的人。

我发现，罗宾斯的许多工作都与聚焦问题有关。这不仅是说他需要提出问题，当然，为了了解客户与他们的目标，提问是不可或缺的。他的工作的关键就在于帮助人们理解下意识驱动他们思维的问题。正如他所说的那样："得到新答案的唯一途径就是提出新问题，问题的质量决定了答案的质量，因此它就是我一切工作的基础。"

"问题很重要,因为问题掌控着你的关注点。"罗宾斯提到,转移人们的关注点非常简单,尽管这种转移持续的时间也许并不长。比如,如果你问"你生活中真正糟糕的方面是什么",即使对方之前也许并没有因此苦恼过,他们也会开始关注这个问题并给出答案。与之类似,如果你问,"你对什么心怀感恩"或"什么使你感到兴奋",他们的关注点就都会转移。他提出,如果你想改变他人的精神或情绪状态,那么你只需要提出一个问题,这比其他任何手段都更迅速。他解释说,只有两种方式可以改变他人:要么改变他们的外部环境,要么改变他们的内在环境。导师聚焦的是后者,"我可以通过问题以及提问的方式改变你的内在环境"。需要注意的一点是,这些问题都有预设,比如你的生活中确实有糟糕的方面,或者你确实心存感恩。

罗宾斯的出发点是,"所有人都有一个我所谓的基本问题,一个你在生活中最常问的问题"。他以自己为例,说道:"我的基本问题就是'如何改善现在的状况'。我沉迷于这个问题,它在我心头萦绕,推动我前进。"这很有道理,毕竟他就是自我提升的楷模。但是据他说,他在工作多年之后才意识到这一问题有力地推动着他,并且他在更晚的时候才明白推动他人的问题与自己的并不一样。从那以后,他与一位新客户接触之后的早期工作就是找出他的问题,并确定这些问题在多大程度上可能阻碍他们前行。他非常担心的是,这些在人们不知不觉中指导他们行为的问题含有被动预设。"这是最能扼杀活力的,"他表示,"必须对它们进行处理。"他有一套可以帮助人们发现这一问题的流程。他说，就像电脑程序中的"输入糟糕的指令，得到糟糕的输出"一样，大脑也是如此：如果你提出的是一个糟糕的问题，那么你就会得到糟糕的答案。

一旦罗宾斯帮助客户确认了基本问题，他们就有了做出其他决定（比如分配时间的最佳方案）的根据。

积累你的提问资本

我能够与托尼·罗宾斯交流，要感谢马克·贝尼奥夫。他们是多年的朋友，贝尼奥夫认为他与罗宾斯的交流改善了他的许多思维习惯。而我在亲自与罗宾斯会面之后，才发现他对问题的关注与贝尼奥夫多次提及的一些事情是有联系的。贝尼奥夫表示，一些人比其他人更具创新资本。谈到Salesforce需要新的宝贵思路时，他说："我不能一手包揽，我不可能提出所有的想法，这不是我的职责。我的责任是营造创新文化。这就是我们要强化的事情。我们鼓励它，我们珍视它，我们留意它，我们维护它，我们需要它。"但是他也承认，创新并不是员工通过接受培训就可以实现的，它不是一系列技巧。想要实现根本性变革，创新者必须获得他人的认可。如果他们过去有所成就，遇到过阻力并顺利解决，那么他们就已经积累了一些创新资本。

与之类似，我发现一些人提出的问题比其他人提出的问题更有催化作用。我们也许认为，任何地方都可能出现精彩的问题激励大家，但许多人已经发现事实并非如此，两个不同的人提出的相同问题可能引发完全不同的结果。有时候，这就是地位权力的问题。也许低级职员或边缘人员的观点在会议上并不引人注意，但组织中地位更高的人提出同样的观点产生的反响会更强烈。

有时候，问题的力量的关键在于发言者的背景。比如，2008年，拉里·芬克（Larry Fink）给自己的投资公司贝莱德集团（Black Rock）所控股的公司的首席执行官们写了一封信。贝莱德集团大部分的客户资金都投资于指数基金，交易涉及数千家公司，因此这实际上是一封给上市公司管理层的公开信。因为芬克提出的尖锐问题，这封信引起了不小的反响。他们如何应对由股票市场执迷于短期收益引发的连锁反应？人们期望他们提供创新和就业机会，从而使得生活更加美好，他们打算如何持续得到社会的支持？

事实上，这些并非新问题。大批关心企业社会责任的活动分子和学者在过去几十年中一直在关心这些问题，但是芬克有着特别的力量。正如阿斯彭研究所（Aspen Institute）的朱迪丝·塞缪尔森（Judith Samuelson）所说："贝莱德集团这个世界最大的投资公司的首脑提出公司不仅应该关注利润，也应该为社会做贡献，这就传达了一个强有力的信号。"[12] 这时，我们很容易想到圣经里的一个故事。扫罗在前往大马士革的路上看到一个残酷镇压基督教徒的罗马长官，这使他皈依了基督教，并且最终成了圣徒保罗。"鳞片从眼睛上掉下来"这个表示"明白真相"的表达正是来自这个故事。作为行业支柱的芬克现在决定挑战本行业的行为模式,他拥有的提问资本是大部分人都无法企及的。

几个月之前其他人提出的同样的问题并没有得到多少重视,这大概并不是人们愿意见到的,但我们从中可以明白的一点的是,一个伟大的问题产生的积极情绪和能量一定包括人们确信某些事物肯定会因此发生改变。我想说的是,能量水平越高的人,拥有的提问资本越多。而他们是否配得上这些资本,就是另外一个问题了。更值得一提的问题是,我们这些缺少提问资本的人应该如何获得更多资本?

我们了解提问资本是如何流失的。一个问题引起了人们的注意,却没有任何进展,最终就像在牌桌上的现金一样逐渐消失了。当事人没有努力探索他的问题开拓的新道路,或者无法招募到足够的人共同完成这一事业。更糟糕的是,有些人没有积累任何提问资本,就坐上了高位。SAP 的孟鼎铭向我解释说,这正是许多管理人员失败的原因。

某某和某某在 20 多年的职业生涯中一直表现得很出色,但是他们在成为行政副总裁后却一败涂地。这是怎么回事?事实上,他们不是一夜之间成为失败者的,使他们登上高位的素质并不足以使他们留在那里。他们无法适应更高的层次是因为不会提问。他们不知道如何面对困境,并利用问题打败它们。

孟鼎铭的评论表明提问资本会转化为领导资本，他在我们的一次交谈中再次对其进行了强调。他告诉我："领导者失败的原因是他们无法建立自己的团队，因为高层职员不尊重他们、不愿意为他们工作。高层职员不尊重他们、不愿意为他们工作的原因是他们只会下命令，不会提问。"瑞·达利欧是世界最成功的对冲基金投资人之一，也是桥水基金的创始人。他对提问能力也做过类似强调。他在《原则》(Principles）一书中与大家分享了自己的管理哲学。他对于聘请员工的建议是，不要选择技能正好与工作匹配的人，而是要选择你想"与之共担长期使命的人"。他写道："要寻找那些能够提出很多了不起的问题的人。聪明人总会提出最深刻的问题，而不是认为自己已经有了所有答案。相对于了不起的答案，了不起的问题更能预示未来的成功。"[13]

积累提问资本的主要方式便是一路寻找并抓住正确的问题，还要付诸行动使其产生影响。现在，让我们回到托尼·罗宾斯和其他高效导师的工作上来。对我来说，罗宾斯为客户提供的服务主要就是帮助他们积累提问资本，以便更高效地实现他们追逐的目标。

学会讲故事

如果你希望招募其他人和你一起探索新奇问题的答案，一项特别值得培养的技能就是讲故事。好的故事可以持续展示问题情境如何引发一个充满活力的问题，以及为什么问题的解决可以改善现状。故事线可以将人们感知到的问题与被重塑的问题联系起来，并且创造解决问题的动力。

变革型领导者通常都很擅长讲故事，这一点很好理解。我在前面的章节讲述过法迪·甘杜尔的一次决定：经历了一整天长途飞行的他放弃豪华专车，乘坐公司基层快递司机的货车前往酒店。两人的深夜谈话使他眼界大开，了解到了一些他从未耳闻的问题。第二天一觉醒来，他立刻决定着手处理这些问题。

故事到这里并没有结束。这个消息不胫而走，他惊奇地发现不断有人在后面的旅程中提及此事。其他一些被员工认为不同寻常的行为也是如此。比如有一次巡视仓库时，正在和一位管理人员交谈的他抓起旁边的一把扫帚，开始清扫水泥地上的垃圾。慢慢地，这些故事成了他的个人传奇，他也敏锐地察觉到它们在塑造企业文化方面的价值。故事并不会直接告诉人们应该如何做，相反，它们会使人们在假想的场景中独立思考他人可能的行为和正确的行为，并且举一反三，促使人们以其他情况为背景进行思考。

故事可以极大地吸引人们的注意力，这是有科学依据的。比如，神经生物学家保罗·扎克（Paul Zak）的研究表明，当人们用带有情感的人物故事来表达观点时，听众的理解会更深刻，记忆也会更持久。他在书中写道："在影响力方面，它使标准的演示文稿相形见绌。"[14]

这一现象的原因之一在于故事可以激发听众或读者心中的问题，并且至少可以让他们思考一段时间。谈到讲故事的艺术，我最喜欢聊天对象之一就是安德鲁·戈登。他在皮克斯公司做了许多年的动画导演，现在负责照明娱乐公司（Illumination Entertainment）动画部的工作。我有一次跟他聊天是在他听完莫·威廉斯（Mo Willems）的演讲之后。威廉斯是一位儿童书作家，《别让鸽子开巴士》（*Don't Let the Pigeon Drive the Bus*）及其众多搞笑续集便是他的作品。演讲中的一些想法真是让戈登大开眼界，比如威廉斯提到的书的视觉效果传达的思想与故事的中心思想之间的差别。[15] 特别有趣的是，威廉斯不想将故事的中心思想全部告诉读者。他只想告诉大家其中的49%，连一半都不到，这样大家就会进行独立思考：这本书到底在讲什么？一位网友认为这本书"是关于与朋友合作、永不放弃"的，而另一位也许会认为"这本书是关于明白何时应该放弃"的。谈到这里，戈登发出一阵赞赏的笑声。"这太完美了……大家都有自己的理解，不是吗？"他说，"与之类似，在皮克斯，我们创作故事时也有许多不同的提问方式。"

一个精心构思的故事也会吸引成年人的注意。故事会引发他们的共情，并且给他们留下很大的自由解读的空间。还有什么能解释 TED 演讲形式的巨大成功呢？在这些17分钟的简短演讲中，演讲者学会了大量运用故事和叙事手段。TED 首席执行官克里斯·安德森（Chris Anderson）在书中写道："故事不是艰深的解释或复杂的思辨，每个人都可能与之产生共鸣。"[16]

很受欢迎的 TED 商业创新类演讲之一是道格·迪茨（Doug Dietz）对他和团队合作研究医院儿科门诊医学成像的新方法的

讲述。正如迪茨讲述的那样，他已经在通用电气医疗集团（GE Healthcare）担任了多年的工程设计师，负责设计包括磁共振扫描仪在内的医疗设备。但是这么多年来，他从未亲自到儿科病房看一看机器的运转。他回忆说："当我终于亲临医院时，我看到一对年轻的父母和他们的孩子从走廊另一端走来。随着距离越来越近，我感到小女孩在抽泣。距离更近了，我注意到父亲俯下身说，'我们已经聊过这个问题了，你会很勇敢的'。"正是在此时，充满同理心的迪茨从小病人的角度重新审视了设备。"一切似乎都是浅黄色的，"他说，"昏暗的灯光和墙上、仪器上贴的警示标志都给人一种不祥的感觉。"然后是机器本身，迪茨的作品，"它就像一块被挖了一个洞的大砖头"。这是他糟糕体验的开始，但是，他却因此感到自己应该为小病人们做点什么。一个更优秀的设计师会怎么做呢？

我自己对这个故事的了解来自匹兹堡儿童医院儿童放射科主任凯瑟琳·卡普辛（Kathleen Kapsin）。她和她的团队发现了这个需要解决的问题。卡普辛告诉我，通常需要多次尝试，片子的图像质量才能达到医生可以据此准确做出诊断、提出治疗方案的标准。问题是，相对于成年患者，孩子保持静止不动是很困难的，他们很难在机器缓慢的扫描过程中一直保持冷静。很明显，医院应该催促通用电气医疗集团之类的设备商开发能够迅速成像的设备。当然，这种方案的缺点就是设备的价格会大大提升，而且原本可以使用多年的设备只能停止工作。

突然有一天，问题得以被重塑，灵感出现了。如果不提高成

第 7 章 如何引导能量

像速度，而是使孩子们停止扭动会怎么样？孩子们究竟为什么要扭动？答案很快被揭晓了，它与迪茨在医院中观察到的一样：因为孩子们感到害怕。怎样才能使孩子们在进入那堵有洞的墙时不再那么害怕呢？

设计趣味房间现在在儿科病房里已经非常普及。这一解决方案的思路是在那一瞬间产生的，听起来似乎也是在一瞬间实现的。但事实上，卡普辛的团队和其他许多合作者，包括迪茨和他的通用电气医疗集团设计团队，是经历了数月的努力才完成这个方案的。最终，他们把影像室变成了孩子们可以进行浸入式扮演的精彩冒险故事场景。进入机器的时刻正是他们这些小英雄在故事中需要保持静止不动的时刻。他们正在海盗的巢穴中或恐龙的阴影下。这个方案的效果非常神奇，片子的图像质量不错，孩子们也很开心。甚至有些小朋友会在冒险结束之后问："我什么时候可以再回来？"

▶ 图 7-1

匹兹堡儿童医院中有趣的引导语

问题即答案　　194

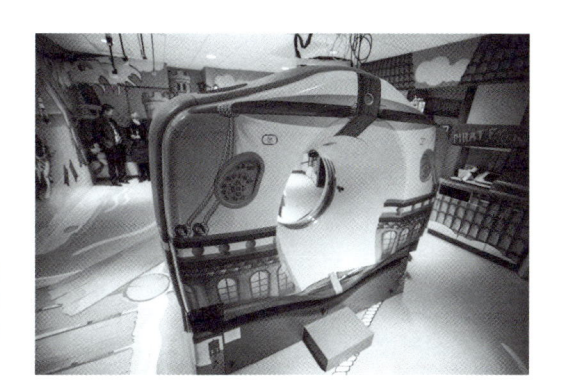

▶ 图 7-2

匹兹堡儿童医院儿童放射科主任凯瑟琳·卡普辛（背景右方）正在指导冒险旅程

▶ 图 7-3

海盗岛冒险旅程中的神奇宝箱和荡秋千的猴子可以转移孩子们的注意力

第 7 章 如何引导能量

第 8 章
如何培养下一代提问者

尼尔·波兹曼
（Neil Postman，媒介文化研究者）

一旦学会提问——提出切题、恰当且一针见血的问题——你就学会了学习，再没有人可以阻止你找到问题的答案。

QUESTIONS

ARE
THE
ANSWER

彼得·戴曼迪斯
（Peter Diamandis，奇点大学创始人）

我希望能够教会自己的孩子如何提出正确的问题，如何充满热情地面对挑战。在未来的教育中，这两点最为重要。

每一代人的进步大多是由那些能够发现并聚焦时代正确问题的人推动的。

1944年，伊西多·拉比（Isidor Rabi）因为发现磁共振获得了诺贝尔物理学奖，这一发现为新的磁共振成像扫描技术奠定了基础。二战期间，他致力于原子弹的研究，战后帮助建立了布鲁克海文的研究实验室和欧洲核子研究组织。总之，他的成绩斐然。多年后，一位采访者问他的成长过程是否有特别之处。"母亲是无意之中把我培养成科学家的，"他沉思后表示，"布鲁克林的每一位犹太母亲在孩子放学之后都会问，'今天你学到了什么吗'。但我母亲不会，她的问题有所不同。她会说，'伊西多，你今天提出好问题了吗'。"他把自己事业的成功归因于自己因此养成的习惯："提出好问题这一差别使我成了科学家！"[1]

如果我们有意识地养育更多善于提问的孩子，那么整个社会都将因此受益。这需要我们在家庭环境中为孩子建立一套思维习惯和行为模式，或者最起码不要把提问扼杀在萌芽阶段。学校、工作场所和社区也必须教授并鼓励这些提问技巧。它们是实现更好的领导力和创新突破的关键，是导师、榜样和英雄们给予青涩的年轻人的馈赠。

在过去 10 年中，我采访过的大部分创新者都在人生的不同阶段因周围前辈对他们提问行为的教育和前辈提供给他们的实践机会受益。他们向前辈学习的方式并不特别，只不过这些前辈明显重视提问的价值。我认为，如果我们都能够如此对待自己的孩子、学生和年轻同事，那么我们就可以塑造更多像伊西多·拉比一样的创新人才。那么，如何才能使下一代人成为优秀的提问者呢？

学校中的提问教育

让我们先从学校开始吧，这毕竟是人们提到学习时首先想到的地方。丹·罗斯坦（Dan Rothstein）和卢斯·桑塔纳（Luz Santana）坚信必须进行教育改革。在《老师怎么教，学生才会提问》(*Make Just One Change*)一书的开头，他们直截了当地提出了这本书的主题。

> 本书提出了两条简单的论断：
> 所有的学生都应该学习如何提出自己的问题；
> 所有的老师都可以轻松地教授这一技巧，使其成为日常教学的一部分。[2]

这本书的主题正是我强调的培养孩子的课堂提问能力，而且罗斯坦和桑塔纳也不缺少其他志同道合的伙伴。[3] 我在第2章中提到，众多研究表明在大多数教育环境中，无论是小学、中学、大学还是职场培训，这种教育都少之又少。回想一下詹姆斯·狄龙的观察结论：那些出于好奇而发声的学生得到了来自老师和同学的各种各样的负面回应。他们从中得到的经验就是"不要提问"。[4] 对其他的班级、学习场所和决策场合进行观察的学者们总是会得出类似结论：创新型探询是人们与生俱来的行为，但是会因为在学校中受到打压而最终停止。因此在长大成人之后，人们以能够提供更好的答案为荣，而不去思考如何提出更好的问题。

因为这些研究，当今学校管理层更加清楚地意识到培养提问能力的价值。不幸的是，教育系统的改革似乎越来越难以实现。马克·扎克伯格在向新泽西州纽瓦克公立学校系统捐赠1亿美元之后也发现了这个问题。事实上，他在2010年宣布这一数字之后，当地捐赠者又拿出1亿美元，所以捐款总额为2亿美元。管理者聘请了许多资深顾问，根据现今最好的教学方式对公立学校进行了改革。所有人的出发点都是好的。但是，大量资金的流入最终什么都没有改变。更糟糕的是，学生的数学成绩还出现了小幅下降。[5]

我提出这个广为人知的失败案例，并不是想得出应该放弃改革公立学校的希望的结论，我只是认为最为直接的改革方式也许并不是自上而下的机构层面的政策改革。如果把它看作一场社会运动，每个人都下定决心采取行动、产生影响，那么这场教育孩子提问的运动也许就能成功。

一些老师也认同有必要培养孩子的提问技巧，他们向我讲述了一些成本很低的方法，既能聚焦培养孩子的这一能力，也能够完成教学大纲，让孩子们能够在标准化考试中取得好成绩。下面就是我见过的一些做法，它们并不全面，旨在启发教育者的自主思考。

设立问题箱。工坊学校（The Workshop School）是一所位于费城西部的优质地方学校，由一家非营利组织特别策划，运行方式有别于一般学校，但是它的一些做法完全可以适用于任何课堂。比如，学校会让学生每天花一些时间讨论学校和社区问题，努力提出解决方案。老师会将写有问题的纸条放在一个箱子里，每天随机从里面抽出一张。所有学生都积极响应。更重要的是，学生还会把自己的问题纸条放进箱子中。学校期望他们能够花些时间思考自己应该提出什么问题。

了解带来答案的问题。学校教授的所有知识点最初都是某个问题的答案。所有公式的诞生都是因为有人需要更好的方式解决难题。老师在讲授知识的时候补充一点历史背景只需要很少的额外时间。当然，老师并不需要讲述所有知识点的起源，但是偶尔强调一下产生重大影响的问题可以带来切实的好处。了解事情的来龙去脉有助于加深学生的记忆，而且会让它们意识到，学校将来教授的很多知识也许都源于今天提出的问题。与之类似的是，历史老师总是告诉大家，某位伟人创造了某种发明或实现了某种思想突破，世界因此改变。但是他们不应该忽略关键的一环,即促成这一结果的与众不同的问题。为什么哥白尼时代的人不知道太阳是行星系统的中心?哥白尼是如何开始质疑地心说的?他的问题对于开启人们的新思维起到了何等重要的作用?通过讲述提问带来转机的故事,老师们可以明确无误地传达这一信息:伟大的洞见往往都源于挑战既有理论的问题,而且未来仍将如此。

延长等待时间。教师很容易意识到并能够进行改变的一个教学要素就是等待时间。玛丽·巴德·罗(Mary Budd Rowe)是第一位指出大部分老师在提问后没有给学生足够的时间进行深入思考的教育家。她发现教师的平均等待时间只有一秒钟。

毫无疑问的是,这样的时间无法使学生开启高级认知体系,只能够使他们回忆起储存在记忆中的事实。罗的研究发现,只要把等待时间从一秒钟提高到三秒钟以上,就可以大大提升学生的语言表达和逻辑能力。[6]当然,老师们必须要明白,他们不能给出简单的记忆题目,然后延长等待时间,再请学生回答。更长的等待时间需要更加发人深省的问题,反之亦然。

关于课堂提问的许多研究有一个共同的研究对象:教师的提问频率。他们总是不停地提问,每小时要提问 50~100 次。用卡隆·刘易斯(Karron Lewis)的话来说,在课堂中提问的目的是"确认学生是否掌握了课本知识、确认学生是否专注"。但是这意味着"教师们提出的大部分问题都是错误的。我们关注的一直都是与学生掌握的具体信息有关的问题,而不是能够促进学习的问题"。[7]事实上,这种做法的危害是双重的,它既不能满足学生当时的学习需求，也不能向学生展示提问方法一旦被内化吸收，是可以使他们终身受益的。

为提问者喝彩。学校既是学习场所也是社交场所，学生能够非常敏锐地感受到他们中的成功者。更多地表扬和奖励提出优质问题的学生，可以促使更多的学生提问。在我写作本章的时候，一些在2018年2月14日佛罗里达州玛乔丽·斯通曼·道格拉斯高中枪击案中幸免于难的学生正在进行一场非常重要的提问秀。他们在全国范围内提出枪支管制问题，而且坚信自己的声音应该得到重视。学校没有要求他们赶紧回校上课，为AP考试做最后的冲刺。这是一个极端的例子，但很有意义。其他学校的学生也会认为自己有权利为对自己影响至深的问题发声吗？他们会质疑某门课程的讲解不够全面吗？就像索菲·冯·斯蒂姆（Sophie von Stumm）和她的同事写的那样，学校必须早早地开始鼓励学术求知欲，而不只是奖励聪明和勤奋这些默认的优秀品质……学校不仅要奖励写出优秀学期论文的勤勉优等生，还要奖励那些在研讨会上提出令人烦恼不已的、具有挑战性的问题（不幸的是，并不是所有老师都喜欢这一习惯）的学生。[8]与之类似，克里斯托弗·尤尔（Christopher Uhl）和达娜·施图舒尔（Dana L. Stuchul）也在书中提到："鼓励学生成为无畏的提问者，意味着老师应该更多地为他们勇敢的提问，而不是正确答案喝彩。"他们总结说："将当前课堂上害怕问题、专注答案的流行文化转化为热爱、鼓励问题的文化是一项艰巨的工作，但是绝对值得我们为之努力。"[9]

贝恩咨询公司（Bain & Company）董事长奥里特·加迪什（Orit Gadiesh）"总是提出无数问题"，因为她知道这是解决工作和生活中的棘手挑战的唯一途径。她在以色列长大的时候学到了这一点。她的父亲"总是对各种各样的事情感到好奇，喜欢倾听而不是讲述"，而母亲"对于自己感兴趣的事情总是会提出很多问题"。加迪什在上学之前就认为自己"天生好奇"。从第一天上学开始，她总是把手高高举起，经常一次性提出两个甚至更多的问题。在 8 年级结束的时候，她的提问技巧已经相当出色，班主任在评价中写道："奥里特总是会提出两个问题，有时候甚至会提出第三、第四个问题。要永远保持这种好奇心。"在她的整个职业生涯中（早期在军队，后来在咨询行业），她一直明白，无论处于何种级别，担任何种角色，提出正确的问题都是创造真正的价值的唯一途径。

利用教育技术软件促进学习。克里斯坦森研究所（Christensen Institute）所长安·克里斯坦森（Ann Christensen）和她的同事认为，在为标准化考试做准备时，电子学习工具是可以发挥作用的。也许在当今教育领域中，面临最大挑战的就是"批量处理"模式。但即使是在这个陈旧的模式中，一位负责 30 名学生的老师也可以实现个性化教学，因为学习工具可以检测特定学生的学习难点和掌握情况，使得老师能够有针对性地进行指导。在某种程度上，教师可以利用电子学习工具帮助学生备考，节约时间用来关注每个学生更高层次的学习技能发展的个性化培养。在不需要引领全班掌握封闭型问题的答案之后，教师在学生的学习旅程中扮演的角色将成为夏尔巴向导，而不是负重前行的老黄牛。

转向以专题为中心的学习。 前面提到工坊学校时，我简单介绍了它以专题为中心的教育理念。这并不是一个新概念，它是许多诸如蒙特梭利法等历史悠久的教学法以及国际学校的课程的核心，对培养学生的求知欲来说至关重要。在谈到蒙特梭利体系时，安杰利内·斯托尔·利拉德（Angeline Stoll Lillard）写道："它非常开放，可以使孩子自然产生兴趣、自然实现学习。使用蒙特梭利法的教师不会把问题植根于孩子的头脑中，而是会激发他们的想象力，使他们提出自己的问题。"她列举出众多研究，表明"基于这种兴趣的学习优于基于其他兴趣的学习"[10]。在我、克莱顿·克里斯坦森和杰夫·戴尔10年前的一项研究中，我们发现大约一半的成年创新者曾就读于提倡以专题为中心进行学习的学校。其他许多人的父母或祖父母曾鼓励他们进行颇具挑战性的专题研究，或者他们曾参与过创造了此类条件的社区活动。

当然，如果整个教育体系没有相应的指导方针，那么教师们面临的困难会更大一些。比较常见的情况是，我们会在一些特殊的学校中试行这些方法。比如，高科技高中（High Tech High）是一所成立于15年前的特许学校，其资金来源于比尔及梅琳达·盖茨基金会（Bill & Melinda Gates Foundation）。设立该学校正是因为许多硅谷员工都认为以专题研究为中心的方法能够更好地培养创新人才。自那以后，它已经发展成了一个包含13所特许学校，为从幼儿园到高中的5 000多名学生服务的系统。这个项目的关键是要让学生选择有趣但需要掌握多种知识概念才能完成的专题研究。一旦选好专题，他们就有动力学习，而且所学内容的相关性也很明显。

我们有必要回顾一下工坊学校的创立，其实它起源于西蒙·豪格（Simon Hauger）的一个课外汽车项目。该项目名叫EVX，主要是为一些老款车型加装混合动力系统。豪格回忆道："对那些参与该项目的孩子来说，他们突然有了切实的问题需要解决，这推动了他们的课后学习。最让我感到惊讶的是，他们在课外活动中学到的东西，比在我的课堂上学到的还要多。"[11]对那些无法改变整个学校体制的个别教师来说，这也许具有借鉴意义。他们中的一些人可以获得资助，基于以专题为中心的学习原则开展课外项目。同样重要的是，许多已经参与到课外活动中的人，比如戏剧社负责人、乐团负责人、舞会委员会顾问、运动教练等也可以用新视角重新审视这些活动，使之成为学生学习提问技能的平台。

教育工作者们没有强烈反对学生应该学习组织自己的问题这一理念，他们也不认为把教授这项技能纳入日常教学范围是一项不可能完成的任务。越来越多的人开始意识到问题即答案，因为这样可以检验学生是否真的学到了知识。

我最近注意到的一个亮点是，美国几乎所有大学和学院都接受的标准申请表——"通用申请"现在已经包含了文书提示。这一申请的关键就是一篇小论文，可以使学生用标准考试成绩和平均绩点之外的东西来展示自己的思想。比如，申请表的设计者们提出了以下问题："回顾一下你曾经质疑或挑战某个想法或信仰的时刻。是什么推动了你的思考？最终结果如何？"这无疑是个强烈的信号，表明学生在高中毕业的时候应该已经有过类似经历。但可惜的是，大多数学生都是在此时才第一次思考这些问题。

简单来说，以挑战为中心的学习在学校、工作场合以及生活中都是非常重要的。X大奖（XPRIZE）基金会创始人兼主席、奇点大学联合创始人兼执行主席彼得·戴曼迪斯非常了解这一点。在最近一次由奇点大学执行总裁奇恩·乔哈尔（Kian Gohar）主持的创新合作项目会议上，戴曼迪斯被问道："未来的教育中什么最重要？"他的回答很有说服力，尤其是因为他是两个年轻孩子的父亲。他说："我希望能够教会自己的孩子如何提出正确的问题，如何充满热情地面对挑战。在未来的教育中，这两点最为重要，因为死记硬背已经不再重要，智能系统可以解决记忆的问题。那么，你如何才能针对自己感兴趣的事情提出正确的问题，并对其进行研究和探索呢？"

课外活动

根据我的经验，教育工作者为鼓励学生提问而专门设计的教学环境绝对可以激发他们的灵感。以13号教室国际组织为例，这个1994年偶然出现在苏格兰的课外活动形式已经扩展到全球各地。最初的 13 号教室是驻校艺术家罗布·费尔利（Rob Fairley）的工作室，他获得了一笔资助，在曹尔小学开展为期一年的教学项目。费尔利的工作卓有成效，因为他不仅帮助孩子们学习艺术技巧，而且强调思维方式的重要性。他教促孩子们意识到，艺术创作不仅是要重现眼前的事物，还要深入研究它，然后实现创新突破。一年过去了，学生们希望他能留下来，但是这意味着他们要想办法解决资金问题。最终他们决定成立商业工作室，用销售作品的收入支付材料和教学的费用，这真是一个天才想法。它把以专题为中心的学习体验提升到了一个新的高度。13 号教室是由学生领导的，驻校艺术家是该组织的员工。学生组成管理团队，负责日常运营决策，为日常开销买单。

2004 年是一个重要的转折点，当时英国的 4 号频道播放了 13 号教室的学生和一位电影制片人合作的一部纪录片——《何时踏上艺术之路》(*What Age Can You Start Being an Artist*)。国际广告业巨头李岱艾公司（TBWA）的一位主管罗德·赖特（Rod Wright）正好在观看该频道，而且认为这正好符合自己想要培养世界各地欠发达地区的孩子们的创意潜力的深切希望。赖特很快就联系上了年仅 10 岁的总经理，承诺为其提供资金以便他们拓展自己的事业。

▶ 图 8-1

南非开普敦阿斯隆克敦小学的 13 号教室的艺术家们

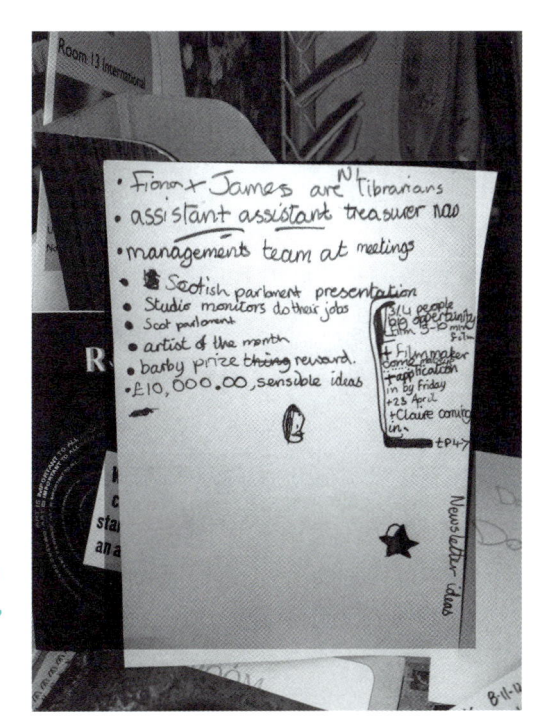

▶ 图 8-2

苏格兰曹尔小学的 13 号教室（成立于 1994 年）的管理团队的任务列表，包括准备在苏格兰议会发表演讲以及招募新的财务助理等

第 8 章 如何培养下一代提问者

▶ 图 8-3

苏格兰曹尔小学的13号教室的学生发布的招募启事

▶ 图 8-4

克敦小学的驻校艺术家哈龙·科利尔（Haroon Collier）（左后）经常在晚上和周末到这里义务教学，为学生营造一个安全的港湾

▶ 图 8-5

南非萨佩布索小学的 13 号教室中,学生们沉浸其中,全神贯注,活力满满

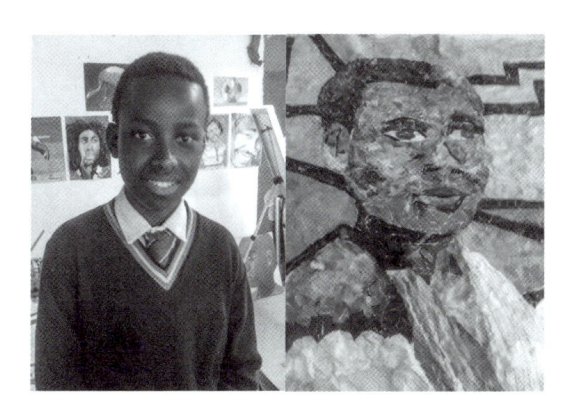

▶ 图 8-6

正如约翰·亨特从南非索韦托的圣马丁·德波雷斯高中的这位艺术家身上所发现的那样,我们每个人都是正在进行中的艺术品。约翰·亨特拍摄

第 8 章 如何培养下一代提问者

如今，全世界大约有 70 个 13 号教室，分布在非洲、中国和美国各地。2008 年，一个名为光明使者计划（Light Bringer Project）的非营利艺术组织在洛杉矶南部开设了第一个 13 号教室，后来又在加州建立了更多的 13 号教室。北卡罗来纳州、印第安纳州、密苏里州和科罗拉多州各地的 13 号教室随即也蓬勃发展起来。

在 13 号教室中，艺术家们会学习更加细致地关注周围的世界。在参观南非的工作室时，我注意到孩子们的艺术作品深刻反映了他们的所见所闻，这可能会大大出乎成人的意料。李岱艾公司南非项目的总经理玛丽·贾米森（Marie Jamieson）讲述了一个例子。

第一幅真正震撼我灵魂的作品是索韦托的一位年轻艺术家创作的，他叫恩扎，13 岁。那是一幅油画，画面很简单：一个大腹便便的中年非洲人正在提起裤子、拉上拉链。画中的信息简洁醒目：让我们一起制止强奸。这幅画深深刻入了我的脑海。它就挂在我的办公室里，每当我感觉无计可施、压力倍增时，我必须做点什么或回馈什么，这幅画便是我参与 13 号教室项目的原因。这个 13 岁的男孩在大声疾呼，阻止社区中的强奸。他告诉我，这并不是他的亲身经历，但是他希望自己的呼吁能够在社区中阻止这种情况。这就是 13 号教室的声音。

驻校艺术家非常清楚孩子们每天遇到的挑战是多么巨大，因此他们不仅帮助孩子们通过5种感官更好地了解世界，还通过将洞察力转化为关于自身的强大的艺术，帮助他们更好地理解自己的所见所闻。李岱艾公司创意主管约翰·亨特（John Hunter）分享过一个学生的感人经历。

与一位艺术家的对话令我记忆犹新，现在我办公室的墙上还挂着那件拼接作品的照片。他几个月以来都在做剪纸拼接。他每天都来，每天完成的工作量都很少，因为他非常谨慎。看着他拿着从旧杂志上剪下来的浅褐色和深褐色碎片反复尝试、十分小心，我感觉自己必须得跟他谈谈。他非常友善，笑容灿烂，我问他："你做这件作品已经多久了？"他回答说："七八个月。"我不禁感叹："哇哦。"接着又问他："你知道这是谁吗？你知道自己正在拼接的是谁的脸吗？"他回答："不知道。"我简直感觉难以置信，于是拿出手机给他拍了一张照片，放在他正在拼接的作品旁边。这简直太不可思议了，而他竟然没有意识到。我并不是心理学家，但我感觉他似乎正在一点点创造自己。但是，他没有自己的照片，这是怎么做到的呢？也许这正是这幅作品如此费时的原因。也许他只是不想太快结束对自己的塑造。

学校外的提问教育

如果说 13 号教室和其他课外活动为校园内的提问创造了更好的空间,那么也有许多其他组织试图在校外达成这一目标。贝齐·鲍尔斯(Betsy Bowers)供职于史密森博物馆早期教育中心(Smithsonian Early Enrichment Center)期间,我曾经跟她进行过交流。她现在担任位于丹佛市郊的莱克伍德遗产中心(Lakewood Heritage Center)的主管,这是一家始于 20 世纪的博物馆,占地 15 英亩[①],拥有几座历史建筑和超过 35 000 件展品。她对我说:"关于博物馆是否适合 6 岁以下的孩子这个问题,社会上偶尔还存在一些争议。"但是她和同事们都坚定地认为,博物馆可以为孩子们的学习做出重要贡献。"我认为博物馆可以通过真实的展品和有趣的布置,以令人兴奋的方式激励孩子们提问。"

太阳马戏团的"世界马戏团"(Cirque du Monde)项目也有类似目标。该慈善项目始于 1994 年,旨在培训世界各地的孩子进行街头表演。太阳马戏团开展这一项目并不是为自己培养下一代表演精英,而是利用马戏艺术为边缘少年带来一种目标感和纪律性,并为背景大相径庭的他们提供一个合作和学习彼此信任的环境。

我想强调的一点是,"世界马戏团"本身就是一个被重塑

[①] 1 英亩 ≈4 046.854 5 平方米。——编者注

的问题的产物。大多数马戏团管理层考虑的都是策划一场更大的马戏表演需要什么,这也是驱动太阳马戏团前进的动力。但"世界马戏团"的问题是,马戏活动的举办如何帮助那些社会上的弱势群体?经过这样的问题重塑,马戏不再是目的,而是成了一种手段——实现社会变革的工具。这个问题的重塑释放了巨大的能量。迄今为止,世界马戏团已经在全球开展了90多项活动。除了太阳马戏团,"社交马戏"这一理念在其他组织中也得到了体现。世界马戏团并不认为这是一种威胁,而是把它看作一种激动人心的积极传播。它在自己的网站上标出了世界各地社交马戏的分布图,这样的马戏团仍在不断增多。太阳马戏团的首席执行官丹尼尔·拉马尔把世界马戏团的独特影响总结为利用马戏艺术干预边缘青年,改善他们的情况,并且努力在全球范围内进行推广。

在法国和阿联酋的欧洲工商管理学院向社会企业家们授课时,我注意到了许多鼓励和培养年轻人参与真正重要的项目的其他组织,例如真实创想、梦想学园和青年赋权伙伴组织。青年成就(Junior Achievement)一直致力于培养年轻人成立社会需要的新企业。它的标志性项目是一个为期15周的创业项目。2019年是该组织成立的100周年,其创始人为两位商界领袖:斯特拉斯莫尔造纸公司(Strathmore Paper Company)的霍勒斯·摩西(Horace Moses)和美国电话电报公司的西奥多·韦尔(Theodore Vail)。我最初关注这个项目是因为了不起的苏拉娅·萨尔蒂(Soraya Salti),她是青年成就在中东、北非地区的负责人。这些地区的青年失业率最高，并且因此产生了一些极为糟糕的连锁反应。但是在 2015 年她去世之前，萨尔蒂已经在这部分地区留下了深刻的印记。她把青年成就扩展到了 15 个国家，惠及了 100 多万名年轻人，是第一位获得斯科尔社会企业家奖的阿拉伯女性。

她的工作与培养提问者有什么关系呢？用她自己的话说，几乎在所有方面都有关系。萨尔蒂意识到，中东和北非的年轻人接受的就业教育严重不足，因为当地的教育体系认为他们最好的工作机会在政府机构。为了通过政府考试，这些年轻人不得不死记硬背，没有人鼓励他们注意周围变化的世界。这种教育也许可以帮助他们从事循规蹈矩、需要在严格的框架内做出决策的工作。但是该地区年轻求职者的数量比政府提供的工作岗位数量多出几百万。非常具有讽刺意味的是，随着该地区平均教育程度的提高，其民众只会变得越来越不适合在私营部门就业。[12] 萨尔蒂把青年成就的教育项目推广到这些国家，使这里的年轻人不仅仅可以在考试中做出优秀的回答。归功于她奠定的基础，他们从过去到现在一直在学习通过自主创业提出更好的问题。[13]

数字世界是提问的天堂还是地狱

关于年青一代的思维习惯，一个重要的问题是，数字环境对我们的提问能力有何影响？这种影响是好还是坏？当今孩子们在屏幕前的所有时间都是一项自然试验。他们会成为提出催化性问题能力最强的一代，还是最弱的一代？

从某种意义上来讲，数字世界是提问者的天堂。我们已经习惯了向谷歌发问，而且通常情况下都会得到理想的答案。因此，我们的提问量得以稳步提高。我们在网络聊天和论坛发言中通常都可以无拘无束地提问，世界各地的人们都是如此。

迪伦德拉·库马尔（Dhirendra Kumar）供职于价值研究股票咨询公司（Value Research）。根据自己回答网站上散户投资者的问题的经历，他总结说："网络聊天有着非常不同的问答模式。"他也在现场为投资者做过解答，他认为他们跟在线提问的人是同一类人。"但是在网上，"他说，"他们是匿名的，而且彼此之间不需要互动，所以人们会更坦率地提问，不太顾忌暴露自己的无知。"这种无拘无束的另一个结果是，他们往往会提出"更加自然、不加雕饰的问题"。[14]

与此同时，有着截然不同的客户群体的多琳·凯西（Doreen Kessy）也期待着同样的无拘无束的状态。凯西是坦桑尼亚的一部教育电视系列节目《乌邦儿童》（Ubongo Kids）的创始人之一。它以动画的形式讲解数学知识，其中的主人公需要解答数学问题。最有意思的是，观众可以在观看它的同时用手机进行互动。如果观众通过短信的形式回答了一道多项选择题，他们就会得到动画人物的反馈和鼓励。在2014年的第一季的节目中，《乌邦儿童》的观众超过了140万人，它对坦桑尼亚小学生数学成绩的提高起到的作用显而易见。但是凯西认为，这个节目还可以发挥其他作用，比如帮助这些孩子的母亲，一个通常不发声的群体。

有些女性的问题简单易懂、事关生死：疟疾的症状是什么？如何保持健康的饮食？是否可以为新生儿喂水？避孕措施是如何起作用的？但是凯西注意到："非洲的许多社区非常保守，女性提出诸如生殖健康、性、宗教、政治和社会规范等敏感话题会被看作不当行为。"她认为数字技术是女性发声、更好地守护自己的健康和幸福的关键。

托尼·瓦格纳在哈佛大学的职位是创新教育研究员（这个职位的设立本身就是一个积极信号），并且在哈佛教育研究生院成立了领导力变革小组。他为学校和基金会提供咨询服务，还担任了比尔及梅琳达·盖茨基金会的顾问。他最初是一名中学教师，也做过初中校长。这些经历使他意识到："一些老师认为他们需要讲授的内容太多，或孩子们需要为考试做好准备，因此没有时间留给提问。我认为这种态度严重损害了孩子们的好奇心。"阅读了托马斯·弗里德曼（Thomas Friedman）的《世界是平的》（The World Is Flat）一书后，他问自己：我们必须采取何种措施，才能使孩子们为迎接一个"扁平的世界"做好准备？三本畅销书由此问世。瓦格纳深信新数字环境对年轻学生的总体影响是积极的。在《创新者的培养》（Creating Innovators）一书中，他写道："这种新型学习方式的结果是，很多年轻人，也就是我所谓的创新一代，在创新和创业方面极具才能和兴趣，他们在这方面可能已经超越了所有前人。"他还进一步解释："互联网与课堂不同，年轻人在互联网上会根据自己的好奇心行事。他们会利用谷歌搜索有趣的事情，而且喜欢探索超链接。"他总结说："他们在互联网上学会了创造、交流与合作，这些远远超过了他们在学校的学习。"[15] 为了使在线学习更加深入，他建议教师（我还要加上家长）让孩子们写问题日记，并且定期给孩子们留出时间，让他们对这些问题进行研究。

从另一方面看，数字环境也可能损害提问能力，人们对其影响的担忧持续增长。比如我的朋友蒂法尼·什拉因是一个数字时代的弄潮儿（她的丈夫肯·戈德堡，加州大学伯克利校区的机器人和自动化教授，也是如此），她敏锐地意识到网络强大的改造作用，因此设立了被誉为互联网最高荣誉的威比奖，并与他人合作成立了国际数字艺术和科学学院（International Academy of Digital Arts and Sciences）。但是她并不希望网络过多地影响孩子们的思维和交流习惯，为此她在家中设立了每周一次的"技术安息日"，即禁止使用电子设备的一天，以便在拜访朋友以及与家人交流时全心投入。

他们想要暂时避开的是什么？主要是充斥着恶意与抱怨的社交媒体网络。想想热衷于在脸书或推特等网站上发表评论，或对网上发布的新闻故事做出评价的人，他们肯定不会愿意接受挑战既有观点的提问，也肯定不会是乐于发现错误的人。他们生活在自己的回声室中。当然，他们并不沉默。这些评论和帖子都能显示姓名和头像。在匿名或化名发帖的情况下，社交媒体也有损提问能力，这并非因为帖子中没有问题，而是因为其中大量的问题都涉及辱骂贬损，特别是针对当今的青少年。

就像对生活的其他领域一样，数字化对提问的影响具有两面性。能够迅速接触到这个世界的信息资源是一种无价且积极的发展，但是不要期望互联网本身就能够把下一代培养成优秀的提问者。我们需要考虑的重要问题是，这项技术能否帮助我和我爱的人创造出能够使我们意识到自己的错误、走出舒适区并且保持倾听习惯的环境。如果不是，那就考虑改变环境吧。

提问从家庭开始

家长和看护人比其他任何人都更有责任培养孩子创造性提问的能力。众多神经科学研究表明，思维习惯在人们童年的早期就已形成。这并不是说在此之后就不能形成新的习惯，但是在童年时期塑造大脑信息处理方式的机会是最大的。如果想将下一代培养成更优秀的提问者，我们就应该更加努力地营造相应的家庭氛围。

我们在第2章探讨的权力动态当然也适用于家庭，有太多家长不鼓励孩子提问，而这些问题本有可能使孩子们更健康、更幸福。与之相反，我采访过的所有极具创意思维的人在被问及童年时，都不约而同地表示，他们的好奇心在早期得到了极大的满足。

比如，威睿的创始人之一黛安·格林告诉我，她在海湾边长大，父亲热爱帆船，也允许她驾驶自己的小船"独立地探险"。在开阔的海面上成长起来的她明白："一个问题如果不能用某种方法解决，总会有其他方法。这只是航行路线的问题。"GoldieBlox 的创始人黛比·斯特林小时候因为父亲工作的原因，常辗转于世界各地，经常遭遇文化理解方面的挑战。米尔·伊姆兰（Mir Imran）的父母鼓励他动手实践、创新，允许他拆开自己感兴趣的任何东西。甚至有一段时间，他们在购买任何复杂的东西时都会买两个，专门留一个给他拆。他后来就读于医学院，成立了 19 家公司，名下至少有 140 项专利。

伊姆兰的故事让我想起亚马逊公司创始人杰夫·贝佐斯关于在得克萨斯州爷爷家的农场过暑假的回忆。贝佐斯说爷爷非常有创意，而且"极度自立"，有一次他甚至特意买了一辆有故障的拖拉机，以便给他自己和年轻的杰夫找个问题来解决。在那些漫长的暑假中，贝佐斯意识到爷爷的确专注于解决问题，并且非常乐观，认为自己甚至能够解决一些像兽医这种他一无所知的领域内的问题。贝佐斯从这段经历中学到的坚韧不拔、独自解决问题的精神使得他自己和亚马逊公司直到今天都受益良多。[16]

在所有和我交流成长历程的受访者中，卡丽·沙尔（Carrie Schaal）的家长也许是在培养孩子提问技能方面最为坚定的。顺便说一下，沙尔供职于阿斯利康（AstraZeneca），是一位企业教育家，负责培训肿瘤类销售团队。她的父亲一直是一名教育家。"父亲是我最好的提问老师，"她对我说，"因为我每次向他求助时，他从来不会帮我解决问题，他总是问我问题。"你也许会和我一样，觉得她父亲只是随意给出几点有益的暗示，但事实并非如此。"大概在我十岁的时候，"她回忆说，"我提出，'爸爸，我只是想要一个答案。我不想让你概述布鲁姆分类学'。"

虽然童年时，她会偶尔因为在这样一个重视提问的家庭中成长感到苦恼，但是沙尔现在回想起这件事总是哈哈大笑。"我只需要答案，"她会抗议说，"我应不应该跟这个男孩继续交往下去？我不需要一个评价或一个综合性问题，把答案告诉我就行了。"但是现在，她把这些提问习惯应用到了自己的工作中，而且她还承认："这真是一个非常、非常了不起的馈赠。"

戴维·麦卡洛（David McCullough）在莱特兄弟的传记中提到了一件逸事。一位朋友评论说，莱特兄弟的故事是一个关于"没有特别优势"的美国人成功的绝佳例子。对此，奥维尔·莱特（Orville Wright）评论道："但是我们并非没有特别优势……我们最大的优势就是成长在一个总是鼓励求知欲的家庭中。"[17]

如果受访者本身是父母，那么我在采访中也会经常感受到他们想要把提问习惯传给自己最爱的下一代的热切心情。比如比亚·佩雷斯，她在可口可乐公司领导可持续发展项目时，总会提出了不起的问题，为团队营造良好的提问氛围，这给我留下了深刻的印象。我知道她有两个还在读书的孩子，因此忍不住问道："你是否有意帮助他们提高提问水平或保持他们的提问精神？"

答案显然是肯定的。我在这里想要讲述的是她家的一个习惯：任何人都可以在晚餐时召开家庭会议，就某个问题的思路寻求帮助。"在这种时候,我和丈夫都不会首先发言,"佩雷斯告诉我,"我们从年纪最小的孩子开始。"她讲述了一次"餐桌会议"的情景,最小的孩子提出了一个在学校遇到的社交问题。在她讲述完之后,哥哥开始发言,他的任务是提出一些问题以加深她的思考。接下来,佩雷斯和丈夫也做了同样的事情。每个问题都会引发讨论,但是会议发起人可以决定讨论内容以及何时结束这一话题。坦率地讲,如此精心地把晚餐时间变成一个解决问题和培养提问技能的机会,真是让我十分震惊。而且这一做法很容易被复制,这也是我想要跟大家分享的原因。

迈克尔·希佩伊为孩子们读书的习惯也非常容易复制。他告诉我,他会特意选取一些书籍,这些书籍的主人公与自己的孩子年纪相仿,但是生活环境却非常不同。这样,他讲的故事就会引发一系列"关于主人公的生活、关于政治、关于主人公为什么去西部等的问题"。他当时读的正好是罗兰·英格尔斯·怀德(Laura Ingalls Wilder)的《草原上的小木屋》(*Little House on the Prairie*)系列图书,结果他跟孩子聊了好几个月的美国历史,谈到了定居者向西部的迁移,谈到了当时的生活是什么样。几乎所有的父母都会为孩子读书,但是这位家长对选择书籍的思考更加深入,因为他也希望孩子们养成提问的习惯。

最后,当我问 Cybereason 的里奥尔·迪维,他对学习的深入思考是否影响到了他对孩子的教育时,他回答说:"答案是肯定的。我教导他们面对失败,鼓励他们尝试,而不是给出答案。我教会他们提问。因为如果你总是直接给出答案,人们,特别是孩子们，就会习惯于等待正确答案。实际上，他们应该从小就意识到，正确答案不是只有一个。不同的答案和方式都可以帮助你实现目标。如果你能让他们意识到这一点，那么这将是非常有利的。"

学校所面临的挑战

"大多数学生在大学导论课程中不会进行深入思考。相反，教授总是让他们记住精心准备的事实，从来不讲解事实的形成过程、这些想法的起源以及最初人们如何应对这些问题。"肯·贝恩（Ken Bain）在描述高等教育和高校精英时如是说。[18]"导论课程毫无神秘感，学生也鲜有论证或挑战的机会，只需要在考试之前把知识装进脑子里就可以了，"他解释道，"学生通常都不太了解这一领域问题的产生和解决的过程。他们很少仔细研究复杂的问题，甚至不知道其他人是怎么做的。"

许多人对当今的校园状态感到吃惊，学生似乎没有能力进行"公民对话"。人们有时候会避免与别人意见相左，更不要说积极寻求思想的交锋了。在学生18岁以后，我们还能让他们变得更有创意、更乐意提问吗？我相信答案是肯定的。即使孩子们在早期没有习得这一习惯，一切也都还来得及。

长期在耶鲁大学担任法学教授的欧文·菲斯（Owen Fiss）在2017年出版了扛鼎之作《正义的支柱》(Pillars of Justice)。全书共13章，每一章都讲述了一位律师的故事，这13位律师对他的思维产生了影响，并在这个世界留下了足迹。他刻画的人物经历不仅反映了民权时代不断演化的法律准则，还反映了伟大的领导力和启发性教学的意义，当然也包括提问在这两方面的关键作用。

以他讲述的导师哈里·卡尔文（Harry Kalven）的故事为例，卡尔文是芝加哥法学院的重要人物，菲斯在1968年的夏天加入该学院，跟随他学习。据菲斯的描述，他们的交流总是始于某个问题，然后随着两人走过附近的花园、在芝加哥湖滨散步，这个问题逐渐演变成激烈、忘我的对话。"他的指导方式就是谈话。"菲斯对卡尔文的描述如下。

> 他总会在学生的话语中寻找带有微弱光芒的想法，然后用流利深刻的语言重述，这样不仅加深了学生的理解，还可以鼓励他们继续探寻、评论。学生感觉自己必须要继续谈下去、继续进行深入思考、从新角度看待问题。谈话就这样成了洞见不断演化升级的过程。哈里就是这样指导我的。这是我生命中最精彩的经历之一，它揭示了这位大师的特殊品质。

菲斯总结说："哈里·卡尔文是一位天才，总是另辟蹊径……"他表示，无论他们讨论的是最高法院最近的一项裁决、政治事件还是法律教育的未来，"我的世界观总是会改变"。回头想想，也许你已经遇到了具有这种通过提问甚至鼓励你自己发问，来实现洞见升级的才能的好老师。

当然，欧文·菲斯也明确表示，自己有幸遇到过这样启发自己的思想家，也体验过糟糕的教学的破坏作用。他讲述了自己第一年进入哈佛法学院时遇到的一位威严的教授的故事。当时班级中有125名同学，其中只有三四位女性。

学生会不时地主动评论或提问，但是利奇（Leach）大多数情况下都是点名请学生复述某个案件的信息或回答问题。在学期初，利奇宣布自己不会定期提问女生，而是每个学期设立一两个"女士日"，专门请女生回答问题。

直到今天，菲斯都因为自己和同学们没有当场对这种可恶的边缘化举措表示反对而耿耿于怀。"我们当时什么也没有说，没有反对，连小声抱怨都没有。"如果说卡尔文对学生的影响是使他们的洞见升级，那么这位先生的做法毫无疑问是使其降级。菲斯对他的另一个印象是提问水平不高，我觉得这绝非偶然。[19]

那些能够好好利用问题的老师能够挑战既有思路，并且使他人参与到激烈、忘我的对话中。这些老师教出来的学生也会毫不犹豫地挑战传统思维。无论是过时的理念还是赤裸裸的歧视，敢于挺身而出面对这些情况的都将是那些超越了传统学生角色，并且学会了如何发问的人。[20]

我在麻省理工学院的同事罗伯特·兰格（Robert Langer）是一位医疗保健技术创新者，被称为"医学界的爱迪生"，他也有着类似见解。他在最近的一次采访中表示："如果你是学生，人们将根据你回答问题的能力评价你。在别人提出问题之后，你如果能够给出好的答案，就能得到好的分数。但是在生活中，人们将根据你的提问能力评价你。"在指导他的学生和博士后时，他明确地将重点放在实现这一转变上，他知道"如果他们能够提出好问题的话，那么他们将成为伟大的教授、企业家或其他类型的伟人"。

为时不晚

最后我想指出的是，管理人员对培养下一代的优秀提问者也有关键作用。人在刚刚进入工作的时候，通常没有良好的提问习惯，但是任何一个工作上的变化都会使他进入积极的学习模式，因为他需要迅速了解新场所的"规则"。从这个角度来看，老板和同事能够塑造新人。你应该如何向所有同事表明，你很重视提问能力呢？

首先，想想你创建或影响的环境，这也是本书的主题。我在前面提到过李岱艾公司对13号教室项目的支持。该公司对孩子们创新能力的鼓励当然与对它自己的创新要求是分不开的。它的全球创意总监约翰·亨特认为，他可以根据13号教室的孩子们的精神设计一份创意产品，并将收益回馈给该项目。他的成果便是《创意的艺术》(The Art of the Idea)。亨特表示，写作该书有两个原因："首先，我注意到创意出现或消失的环境是有一定的'模式'的。我过去总认为创意就是直觉的产物，因此，不同的事物可以激发或阻碍创意这一发现让我深受触动。其次，我想告诉大家，创意是没有等级之分的，你不需要拥有某种特殊的天赋，任何人都可以有创意。"[21]

自从意识到这两点，亨特便一直在办公室中努力营造有利于激发创意（或者说至少不妨碍它们产生）的环境，并且向所有人表明他希望他们能够有所贡献。在这种心态的驱动下，他采取了微观和宏观的鼓励措施和同事们一点点建立了企业的提问文化。

大家也可以如法炮制，比如声援同事中的发问者。你不要仅仅在私下对这位提出了你想问但不敢问的问题的勇士表示支持，而是要在他人提出你没有想到的好问题的那一时刻就公开表态。在场的其他人会注意到大家的态度。你要发出明确的信号，让大家都明白自己应该深切关注周围的问题，就像沃尔特·贝廷格在嘉信理财做的那样。

你还可以养成让团队和同事面对可以激发他们思考的局面的习惯，对客户也可以这样做。在全球专业服务公司安永会计师事务所，问题的力量已经成为一个主题，影响到了方方面面：公司内部的领导力培训、客户服务策略和数百万美元的品牌营销活动等。也许你在机场和主要媒体上见过它的广告，所有的广告都有引人注目的照片和以问题形式出现的标题。一个很典型的问题标题问道："在人工智能掌舵时代，你应该如何驾驭企业？"最近我认识了安永会计师事务所的优质问题运动的幕后营销人员约翰·鲁代斯基（John Rudaisky），并且了解到该公司的雄心远远超出了创造普通的广告标语。

鲁代斯基加入安永会计师事务所的时候，公司刚刚推出了一条新的宣传语：建设更好的工作环境。当时新上任的董事长马克·温伯格认为这不仅是对客户的营销承诺，也是向公司内部专业人士传达的一条信息。毕竟他们和其他所有员工一样，都希望知道自己的工作是有意义的。他希望大家明白，这就是杰出的全球企业顾问的工作：他们让客户的组织得到更好的管理，以此改善他们的工作环境。通过提高客户做好工作的能力，他们也使得整个环境更有利于做好工作。这一标语一语双关，令人不禁拍案叫绝。鲁代斯基的任务是更进一步，让大家了解安永会计师事务所的专业人士是如何做到这一点的。

他在问题中找到了自己想要的答案。"与员工交流之后，我很快找到了答案。"他说。优秀的咨询师不仅仅在客户发问时给出回答，或者针对客户发现的问题提出解决方案。他们会帮助客户提出更好的问题，这些问题一旦有了答案，整个事态都会因此得到改观。"我们帮助客户解决的每一个问题，都会使我们的工作环境更加美好，"他表示，"通过一个又一个问题，一个又一个答案，我们可以逐渐建立一个更好的工作环境。"

还有一点值得大家注意，安永会计师事务所正在重新定义优质广告活动应该实现的目标。与其改变市场对公司的认知，优质广告活动应该改变公司员工的工作态度和方式，使他们可以更多地互相提问。就像马克·温伯格对我说的那样："相比于说'去做A、B和C'，不如提出'这是我期待的结果，你打算如何实现这一目标',然后进行对话。"温伯格表示,根据他的经验,"提问比发布命令的效果要好得多,即使是面向年轻员工也是如此"。这样还可以使他们重新思考如何服务客户。"优质问题运动的真正亮点在于,"鲁代斯基告诉我,"我们可以在实践中直接应用这种想法,直接为客户重塑问题。"他讲述了几位很早就开始实践新信条的员工的例子,其中包括一名叫作帕梅拉·斯彭斯(Pamela Spence)的合伙人,她为公司在从未涉足的领域赢得了一个项目,因为客户提出了一个问题,而她把它重塑成了更好的问题。

在和同事、客户交流的过程中,你也可以对周围的人产生类似的影响。你可以使用与工坊学校类似的问题箱,让大家在会议开始之前思考一下比当前工作更为深刻的问题。或者你可以在会前材料中附加一篇大家平时不会看到,但是有类比意义或解释了相关重要趋势的文章。你也可以拜访客户公司、邀请演讲嘉宾。你还可以像维珍集团(Virgin Group)创始人理查德·布兰森(Richard Branson)一直践行的那样,以领导者的身份写一本问题日志,利用它来激发交流。无论你选择哪种形式,关键都在于事后的反思总结:获得这一信息或观点对于我们现在提出或正在解答的问题有何启发?

同样重要的是,员工必须能够看到组织针对这些问题出台了后续措施。如果员工提出问题之后,公司毫无动作,那么他们会感觉自己的创意输入根本没有得到重视。公司要确保他们提出足够多的问题,能够产生新的洞见和真正的影响,并在影响实现时告诉大家，这样一个重塑的问题如何解锁了创造价值的新机遇。事实上，每当你在庆祝一个突破时，都需要追溯到那个使之成为可能的问题，并且向大家讲述为什么它才是正确的问题。

在提问方面，大家需要以身作则。我的一位好朋友多年来一直在一家《财富》50强公司担任高管，我们经常谈论提出新问题、得到更优答案的价值。她一直努力在团队中营造安全感，鼓励大家挑战既有理论。但是她最近告诉我，她感觉非常失败。"我跟上级交流的时候同样也会提问，但我觉得我应该私下进行提问，否则大家会认为我咄咄逼人。"很显然，她的上级并没有像她一样释放出欢迎且鼓励提问的信号，但是她认为，是否缄口不言主要还是取决于自己。她认为自己没能为团队做好榜样，没有能够在多位上级在场的情况下随心所欲地思考、发问。因此，她感觉自己阻碍了下属们养成提问的习惯，尤其是在公司如此需要创新思维的时候。

安永会计师事务所的迈克·因塞拉在与我的对话中也表达过类似观点。根据他自己的观察，年轻的员工往往能够更加畅所欲言地提出自己的观点，最起码他们在入职之初是这样的。问题是在他们最初提出观点之后，资历较深的员工会根据情况决定是否分享这些问题。他们对体制的挑战最后无疾而终，而这一事实的责任不在于年轻人。"我认为这就是为什么一些年轻人最终会犹豫是否要公开发表意见，因为他们觉得自己的上司对此就是这样犹豫不决的。"

▶ 图 8-7

对于吉尔·福勒（Gil Forer）和他的团队（与 C2 合作）推出的安永年度客户交流活动"创新达成"，我只能用"激动人心"来形容：利用包括问题风暴在内的多感官的体验，引发关于全球重大挑战的催化性问题和洞见

▶ 图 8-8

距离地面 30 英尺的椅子，这正是探讨在全球的高管层和董事会中打破玻璃天花板、促进性别平等的绝佳地点

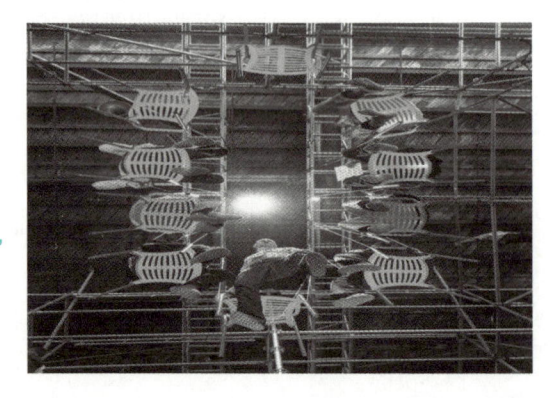

问题即答案　　232

▶ 图 8-9

安永会计师事务所通过"创新达成"等各项活动努力营造创新环境,让每个人都可以提出更好的问题,并希望能够塑造一个更加智慧的世界

期待不同的问题

每一代人的进步大多是由那些能够发现并聚焦那个时代正确问题的人推动的。我们如今关注的问题并不是让我们的父母着迷的问题,也不会是我们的孩子将来最感兴趣的问题。也就是说,

我们在培养新一代提问者的同时，也在提出新一代的问题。在我们看来，其中的一些问题也许并不高明，而有一些问题也许是对我们已经解决的问题的重要重构。

我一直很喜欢安托万·德·圣埃克苏佩里（Antoine de Saint-Exupéry）在《小王子》中描述的这种差异。在这本经典童书中，叙事者似乎在为推断出小王子来自小小的 B-612 行星而道歉：

> 如果我告诉你这个小行星的细节，写下它的编号给你，这主要还是出于成年人的习惯。当你告诉他们你交了一个新朋友，他们不会问任何重要的相关问题。他们从来不会问："他的声音听起来如何？他喜欢玩什么游戏？他喜欢收集蝴蝶吗？"而是问："他多大了？有几个兄弟？体重多少？父亲赚多少钱？"他们认为通过这些问题就能了解他了。[22]

对老一辈人来说，年青一代的问题听起来常常很荒谬，因此许多孩子所在的家庭环境都不鼓励提问。而且，很多学校和社区也都是如此。

4-24 项目便是我为了改变社会提问氛围所做的努力。这个项目并没有开展大规模宣传，但一直在坚持进行，致力于推动人们每 24 小时留出 4 分钟时间专门进行提问练习。这 4 分钟的练习以我在第 3 章讲述的问题风暴为基础，短短的几分钟内可以完成很多事情。但是不一定每天都要进行这一练习，也许把它跟其他提问练习结合起来的效果会更好。用每天 4 分钟，也就是每年一天的时间，进行有意识的创造性探寻，这个要求并不高，特别是对那些需要提高创新能力、为棘手问题找到新答案的人来说。[23]

我们需要更加相信，通过提出更多的问题、发出更大的声音，我们将会得到更好的问题并因此受益。一些挑战和机遇会比其他挑战和机遇更重要、更具启发性。最重要的是，我们必须意识到世界上最严峻的问题依然没有得到解决，而解决这些问题完全取决于能够提出更好问题的下一代人。人类能否应对这些挑战？我们将在下一章讨论这个问题。

QUESTIONS ARE THE ANSWER

第 9 章

聚焦
最宏大的
问题

成为更加伟大的提问者,需要培养提出宏大问题的能力和胆量。

困难或机会越大,我们就越需要了不起的洞见,也就需要准备提出更宏大的问题。

宏大的问题应该是长效的,能够经受挫折、延期、痛苦、失望和失败的考验。

对加里·斯卢特金（Gary Slutkin）来说，那个推动他进行了20多年开创性工作的问题出现在20世纪90年代末。他当时刚刚结束了在非洲数年的传染病防治工作，回到美国，住在芝加哥。在芝加哥最混乱的街区，枪支暴力已经成了家常便饭。斯卢特金注意到，警方的许多行动和镇压都没能阻止报复性仇杀的一再发生。有一天，他突然意识到，问题可能并不在于这些行动本身的缺陷，也许人们需要以一个颠覆性的视角看待这个问题的本质。如果大家把枪击事件看作一种公共卫生现象，而不是刑事犯罪问题，那会怎么样？比如，采取防治霍乱等疾病的思路是否有可能得出更加有效的干预措施？简而言之，枪支暴力是否具有传染性？

马丁·塞利格曼（Martin Seligman）当选为美国心理学协会会长时，在心理学领域提出了一个颠覆性的问题。在1998年之前，几乎所有资深心理学家都专注于探讨心理疾病的根源，他们认为只要没有这些消极属性，就可以保证人们的健康。塞利格曼在美国心理学协会年会的一次演讲中重塑了这个问题。他提出，有没有可能人们只要拥有某些可以被识别、衡量和培养的积极属性，就可以保证心理健康？换句话说，如果心理学家把关注点从"消极属性"转向"积极属性"，那会产生什么样的效果？

现代环保运动的起点是蕾切尔·卡逊（Rachel Carson）颇为懊丧地向公众揭示的问题。20 世纪 50 年代，这位生物学家开始着手撰写妙趣横生的文章和书籍，向大众介绍海洋的奥秘。但是在研究并乐观地介绍生态系统的过程中，她不断听说且目睹杀虫剂造成的危害，其中最主要的是 DDT（双对氯苯基三氯乙烷）。1962 年，她出版了《寂静的春天》(*Silent Spring*) 一书，质疑人们试图使用化学品主宰自然的理念。她质问道："有人会相信在地球表面投放如此大量的毒药不会造成任何危害吗？而且我们理直气壮地憎恶辐射对遗传基因产生的影响，那么，我们怎么可以对被广泛使用的化学品在环境中产生的类似影响视而不见呢？"卡逊喜欢在文章中提问，正是她的这些问题促进了数百万人的行动。

简而言之，一些问题比其他问题更宏大。本书开篇就提到，无论是在商界还是在许多其他领域中，新问题都可以催生新思路。本书也一直在努力告诉大家，这一技巧是可以习得的，也是可以被传授给下一代的。所有这些都指向了本章的核心观点：成为更加伟大的提问者，需要培养提出宏大问题的能力和胆量。困难或机会越大，我们就越需要了不起的洞见，也就需要准备提出更宏大的问题。

提出强有力的问题

毫无疑问，有些人比其他人更擅长提出宏大的问题。说到这个，我立刻想到了埃隆·马斯克。在第一次与他会面时，我们便谈到了他那种能够在完全不同的领域创建伟大企业的罕见本领。他最先创立的是 Zip2，为互联网用户提供软件服务；贝宝（PayPal）是一家金融服务公司；特斯拉是汽车制造商；SpaceX 生产可再次使用的火箭；挖洞公司（The Boring Company）是一家交通基础设施公司。一个人怎么可能成功领导所有这些领域的企业呢？

马斯克强调了自己处理问题的两种基本方式，并且稍稍提及了自己企业成功的其他关键要素。我在第 1 章已经介绍了第一种方式：回归基本事实寻找更优解决方案。这意味着大家需要意识到，对于任何问题，人们经年累月形成的理念和基本事实之间是有差距的。第二，马斯克指出许多新颖的解决方式都是跨领域思考的产物。"许多人为了解决某一领域的难题绞尽脑汁，但他们通常不会想'其他领域的解决方案是否适用于我们'，"他评论说，"而这种方法其实是可以产生奇效的。"

关于马斯克提及的其他关键要素，他对超级高铁的评论很能说明问题。马斯克本人对这一想法的发展也感到惊奇不已。这一想法源于马斯克在圣莫尼卡的一次会议上的即兴发挥。"我当时正在向大家解释迟到的原因，并且说我们真的需要新型交通工具，我说'我认为自己已经有了个好主意'。"事实上，这个想法只是一个雏形，他只是在过去几个小时中才想出这个概念。但是紧接着,"互联网上的人们不依不饶,我开始被问题轰炸:你刚才提到的好主意是什么?我简直不知如何作答"。他告诉我们,他最初的设想被证明并不合理,因此他不得不对这一概念重新进行设计。在最终形成可行方案之后,他在同事的帮助下写了一篇文章,发表了它,在推特上推送了链接,并花了半个小时回答媒体提问。也就是说,超级高铁这个概念并非炒作。"没错,"他总结说,"事情的经过就是这样。"

不过请大家不要着急,我们能否对此过程进行进一步的深入探索?在我看来,马斯克的问题得以如此迅速地转化为行动是有一系列原因的。首先,马斯克这次聚焦的是宏大的问题。"我想这说明大众的确希望交通方式能够得到大幅度改善,"他沉思后表示,"这应该正是它如此受关注的原因。"虽然他最初并没有打算大力推进这个想法,但这个问题是如此振奋人心,以至于人们不断督促他继续前行。赫尔曼·梅尔维尔(Herman Melville)在《白鲸》(*Moby Dick*)一书中描述其写作原因时曾宣称:"伟大的作品离不开伟大的主题。"[1] 伟大的问题也是如此。如果你提出一个人人都受其困扰且痛恨的问题,那么你所拥有的影响力将是难以想象的。

其次,当这种兴趣被激发起来,许多其他人开始关注这个问题时,马斯克愿意严肃对待它。他没有认为这是异想天开,或者因为自己已经有两家大公司要经营(虽然这是很合理的理由)而退却。虽然这个想法听起来非常大胆,但是他依然坚持探索它的可行性,而这是一个需要提出并解答更多问题的过程。

再次，他的评论之所以引发人们如此大的兴趣，是因为大家都目睹过马斯克把过去提出的许多想法付诸实施。他在接受我们采访时明确表示，他坚信良好的信誉是需要靠自己去赢得的。他也是这样要求别人的，当我们问及他在招聘时看重哪些素质时，他说："我真的只看重他们以往是否展示过非凡的能力……我真的不关心他们是大学毕业还是中学毕业，他们只要解决过难题就可以了。"他对自己也是这样要求的。在设法解决所有漏洞并且降低成本，从而能够以大众可以承受的价格对产品进行量产之前，他是不会让投资者掏钱的。这种信誉也属于我在第 7 章提到的提问资本。积累提问资本不仅需要大家提出问题，还需要我们对问题进行追踪，直至它真正产生影响。

最后，如果一个人明确表示希望其他人共同探寻，那么他的提问资本就会增加。其实，我们那次采访马斯克是因为特斯拉的业界排名达到了第一。在这种时刻，他本可以因为击败竞争对手而欢欣鼓舞、踌躇满志，但事实并非如此，他谈到了对业界同行产生影响为他带来的愉悦。

特斯拉的确是一家使得汽车界重新考虑电动汽车的公司。在加利福尼亚州修改相关规定之后，电动汽车已经被大家抛弃。通用汽车公司召回了所有的"EV1"电动汽车，并将它们全部在垃圾厂销毁。没有企业再生产电动汽车。后来，当我们开始生产 Roadster 电动跑车时，通用汽车公司也开始生产雪佛兰 Volt 电动汽车。在通用汽车公司宣布这一消息之后，日产汽车公司也获得了信心，继而推出了 LEAF 电动汽车。因此，可以说我们以一己之力推动了电动汽车的发展。虽然发展速度有些缓慢，但是发展进程并没有停止。我认为这一点相当重要。

埃隆·马斯克善于解决问题，也喜欢谈论问题的力量。他多次回忆起自己在大概 14 岁时读过道格拉斯·亚当斯（Douglas Adams）的《银河系漫游指南》(The Hitchhiker's Guide to the Galaxy)，并且了解到许多时候提问比回答更困难。"如果你可以以恰当的方式表述问题，答案自然就会浮现。"他在如此年轻时就意识到，精确解答问题的能力所能达成的成就十分有限，实属难得。现在，马斯克继续用自己的天才智慧构建更好的问题，这些问题能够打破成见，引导人们踏上新的探索之路。为什么他比大多数人更善于提问？很大一部分原因是他开始得很早，并且坚持了下来。

学习与问题共存

赖内·马利亚·里尔克（Rainer Maria Rilke）曾经对聚焦问题与聚焦答案之间的差异做过如下的明确表述。

耐心对待心中所有的未解之谜吧。努力去热爱问题本身，把它们当作上了锁的房间或者外文书籍。不要急着寻找答案，它们现在还无法被呈现在你眼前，因为你无法与它们共存。我想说的是，与一切和平相处。与问题和平相处。也许，在遥远的未来的某一天，你会慢慢地、毫无察觉地发现答案。

最近，安德鲁·所罗门（Andrew Solomon）在《纽约客》上撰文对这一观点进行了驳斥。"这个观点很有见地，但是思路不对，"他宣称，"相信答案的力量可以帮助人们度过早期的奋斗岁月，而相信问题的力量则不会立刻带来实效。了解更多的知识并不困难，而接受自己不可能对这个世界了如指掌则麻烦得多。相信问题无论是否有答案都是有价值的，这是成熟作家的特征，入门者是无法感悟到这一点的。"[2]

我不确定里尔克的观点是否有误。毕竟他曾指出这些话是对年轻诗人的建议，因此他的目标应该是以成熟作家的身份向懵懂的初学者分享感受。但是我同意所罗门的"人们往往在生命后期与问题和平相处"的观点。在采访处于职业生涯后期的人们时，我发现了太多类似的例子。

在我看来，他们中的许多人是在成为业界大师之后开始思索宏大的问题的。他们不仅对本行业了如指掌，而且对工作的反思也达到了前所未有的高度。这种反思促使他们意识到，他们的技艺已经成为他们身份认同的核心，并且适合更加宏大的目标。比如我们在第6章提到的调解专家托尼·皮亚扎，花了30多年时间磨炼自己技巧的他这样对我说："我很晚才意识到自己的志向究竟是什么。我要从工作中吸取经验，更加高效地解决争端，以免它升级为暴力乃至武装冲突。"他设立非营利组织，致力于研究自己的技巧能够在多大程度上制止其他类型的争斗。

掌上乾坤木偶剧团（Handspring Puppet Company）的两位创始人是伦敦和百老汇热门戏剧《战马》（*War Horse*）背后的创作力量，他们为我们提供了一个完美的"略晚但并不是太迟"的反思的例子。对大多数戏剧迷来说，《战马》是他们第一次了解阿德里安·科勒（Adrian Kohler）和巴兹尔·琼斯（Basil Jones）的艺术，但事实上，他们两个在2007年该剧上演之前的几十年里，就已经推出了许多颇有影响力的原创木偶剧。《战马》是他们个人生涯的一个转折点。"《战马》是30年来我们第一部没有参演的剧目，"琼斯告诉我，"当时有两件事正好同时发生。第一，我们当时正在撰写一本关于自己的工作的书籍。第二，我们第一次由演员变身为导演。因此，我们突然间被迫深入思考自己的工作，并不得不回答，为什么选择木偶剧？"

琼斯笑称自己之前从未想过会思考这个问题。

我以前非常讨厌这个问题，这就像记者采访一位舞者："你为什么要跳舞？"对方大概会说："这是我的职业。"但事实上，这是一个很好的问题，因为它迫使我们开始思考"木偶剧可以给大家带来什么"之类的问题。我们在书中已经写到这个问题，因此非常清楚答案是什么，也非常乐意与大家分享。因为我认为这是一门伟大的新兴艺术，它的影响力巨大，但并未引起大众的关注。

琼斯表示，木偶戏把一部分长久以来在标准戏剧写作中被完全忽略，但其实至关重要的人生体验搬上了舞台。婴儿和儿童，当然还有动物，不可能日复一日地在舞台上进行稳定的表演，因此剧作家们把这些对象排除在剧本之外。木偶的另外一个重要作用就是充当情绪载体。一些人在经历创伤之后，无法很好地亲口讲述该经历，但是能够利用其他载体进行讲述。琼斯经过观察后得出结论："比如你要谈论父亲入狱带给你的痛苦，以及此事对你的意义。如果你利用木偶开口，那么事情就简单多了。"

在交谈过程中，我逐渐发现，科勒和琼斯的所有项目都有非常明确的主题。无论是与经历了种族隔离的南非（他们成长的地方）黑人区的孩子交流，还是创作动物舞台剧，又或者是过去40年来以同性恋的身份在同性恋人群被歧视甚至威胁的地区生活，他们都在尽力为弱势群体发声。我对他们成立掌上乾坤木偶艺术信托基金一点儿都不感到意外，这是一家非营利组织，致力于在他们开普敦工厂附近的郊区和黑人区寻找、指导、帮助下一代木偶艺术家。看到这家公司日益壮大，我也丝毫不感到意外。他们的专职员工已达20多人，表演艺术家更是数不胜数。思考你的工作对应的更宏大的问题，会自然而然地拓宽你的工作领域。

从大局出发

在科勒和琼斯不再亲自表演之后，他们开始思考关于工作意义的更宏大的问题，这一现象其实非常普遍，或者说这一现象在成功的领导者中非常普遍。他们的成功离不开他们能够高瞻远瞩地发现组织应该聚焦的问题，而不是仅仅聚焦解决方案。以远见卓识和激励他人闻名的商界领袖都是企业家，特别是那些被尤因·马里恩·考夫曼基金会称为"高影响力创业者"的人，他们能够实现科技突破的变现，提出改变行业格局的解决方案，这可能不是巧合。史蒂夫·乔布斯、罗宾·蔡斯、安妮·沃西基（Anne Wojcicki）、黛安·格林和杰夫·贝佐斯等人的成功都始于提出极具挑战性的问题，并且他们都拥有足够的提问资本。

从某种意义上来说，观察新任领导何时能够实现从提供完美答案到提出完美问题的转变，是件有趣的事情。富达集团的首席执行官阿比盖尔·约翰逊（Abigail Johnson）在这方面给我留下了深刻印象。我对她提倡的提问文化有所了解，因为富达集团采用了我的问题风暴和其他一些方法来发现和质疑已有理念。约翰逊深知在整个组织中形成重视提问的风气的重要性。她表示这种情况在富达集团并不是自然发生的。"纵观公司历史，我们基本都是以行动为导向的，"她解释说，"我们发现一个客户问题，提出具体标准进行核实，然后进入解决问题模式。因此，当某个显而易见的问题摆在我们面前等待解决时，我们是很难有耐心花时间对客户需求进行头脑风暴的。"她表示："但是，提问的过程可以帮助我们确保自己不会遗漏更重要、更基本、可能会影响到客户体验的问题。"

在约翰逊看来，自己的工作职责之一就是提供平台，帮助同事们更开阔地思考，鼓励他们提出创意问题。她尤其强调了心理安全这一点。用她的话来说："我的责任之一就是营造支持性环境，使富达集团的领导者能够轻松且自信地提出关于富达集团商业策略、企业文化和客户体验的尖锐问题。"她表示："必须让所有人都了解，我们的目的不是追究责任。催化性问题的关键不在于找到过去错误或失误的负责人，而是超越表象，真正探究问题根源。"

约翰逊还意识到，自己在公司的地位决定了她必须提出问题，激发员工的最佳思维。深思熟虑之后，她从4个基本方面提出了问题。第一个方面是投资行业价格和收入不断下行的压力。这种情况的原因何在？我们应该如何升级或应对？第二个方面是市场对更快的速度和更高的灵活性的需求。"那些规模大、时间跨度长、非常复杂的项目已经一去不复返了。"约翰逊表示。我们如何才能根据客户的反馈更快做出调整？第三个方面是不断变化的市场和行业政策。我们如何预测、准备、调整，才能在遵守新法规的同时提供优质的客户体验？第四个方面是人口变化的影响。比如，作为客户和员工，"千禧一代"和"X一代"都有哪些不同的期望？

具有富达集团这种规模的公司的首席执行官们都有巨大的任务量，他们如何分配自己有限的时间和精力是个大问题。哪项工作将会对公司的未来产生最为积极的影响？据我观察，高层管理人员的工作重点就在于他们能否在任期内注意到那些需要改革的关键点，也就是英特尔公司前任首席执行官安迪·格鲁夫（Andy

Grove）提出的著名的"拐点"，并且集结只有他们拥有的力量，实现这一重大变革。

时间将会考验阿比盖尔·约翰逊聚焦的4个领域是否正确，但是在我看来，她提出的问题实现了开放性和实用性的平衡。从更宏观的维度上来看，我非常赞同她对首席执行官职责的理解以及她据此确定的自己关注的重点。她非常重视富达集团及其竞争者们"未知的未知"可能带来的威胁，而且她正在创造能够得到正确问题乃至正确答案的条件。

X大奖与媒体实验室

在1994年，彼得·戴曼迪斯有一个问题需要解决：他极度渴望一次太空旅行，但这在当时是只有宇航员才可以完成的任务，而戴曼迪斯并非宇航员。他和好朋友兼商业伙伴格雷格·马里亚克（Gregg Maryniak）一直在努力创建一家卫星发射企业，但并没有多少起色。他的梦想似乎遥不可及。

有一天，马里亚克在逛书店的时候偶然看到了查尔斯·林德伯格（Charles Lindbergh）关于飞越太平洋的历史性突破的经典著作：《圣路易斯精神》(*The Spirit of St. Louis*)，于是他买下这本书作为礼物送给戴曼迪斯，鼓励他继续考取飞行执照。在此之前，戴曼迪斯大致知道林德伯格击败了其他飞行员，获得了首次不间断飞行飞越大西洋的殊荣的故事。但是他在读完该书后才知道，这次飞行是有奖金的。林德伯格明确表示，激励自己和其他飞行员的正是纽约酒店大亨雷蒙德·奥泰格（Raymond Orteig）提供的 25 000 美元奖金。

戴曼迪斯立刻想到一个问题：我们为什么不为太空旅行设立奖金呢？这一缺失的元素是否可以激励不断壮大的太空企业家队伍，也就是所有那些有能力把付费旅客送上太空的私人团队？于是，X 大奖应运而生。"X"最初只是暂时代替戴曼迪斯和他的小团队找到的最大赞助者的名字，这一想法源自以奥泰格名字命名的奥泰格奖金。后来他们得到了阿努谢赫·安萨里和阿米尔·安萨里（Anousheh and Amir Ansari）的慷慨捐赠，这个奖金也因此被命名为"安萨里 X 大奖"。"X"被保留了下来，是因为这个名字已经具有了一定的影响力。后来，"X"一直被沿用，是因为戴曼迪斯和他的团队深受第一次成功的鼓舞，于是把这一奖金模式复制了至少十几次。事实上，这件事本身就变成了一个问题：还有哪些重大问题似乎即将被突破，只是缺乏奖金的刺激？

也许大家还记得 X 大奖第一次竞赛的结果。该竞赛于 1996 年宣布成立，仅仅 8 年后，由微软创始人之一保罗·艾伦（Paul Allen）投资、航空创新家伯特·鲁坦（Burt Rutan）设计的"太空船一号"就达到了获得奖金的要求：非政府组织必须在两个星期内完成两次载客量为三人的、可重复使用的载人飞船的发射。

这一故事被广为传诵，但我直到参观了 X 大奖位于加州卡尔弗城的办公室，才了解到其细节。此次参观，我受到了奇恩·乔哈尔的邀请，我们两个是在多年前的一次摄影工作坊活动

问题即答案　　250

中认识的。[3] 参观过程中,我发现各处都是多年来颁发和赢得的奖项的纪念品,涉及了地质探索、海洋探索、能源、环境和教育等任何蕴含解决重大问题的机会的领域。比如,另外一个重要奖项最近授予了一个由 5 位健康科学家和医生组成的团队。"了不起的一点就是,"乔哈尔告诉我,"他们是兄弟姐妹,实验就是在他们家中的地下室完成的。"这便是高通三录仪 X 大奖,其灵感来自 20 世纪 60 年代的影视剧《星际迷航》中麦考伊医生使用的设备。"我们提出,"乔哈尔说,"如何才能发明一种可以诊断重大疾病的手持式产品?"这种产品在偏远地区的价值不言而喻,甚至在医疗服务完善的地区也很有价值(如果人们想要在半夜使用该设备检查自己的身体)。这一竞赛于 2012 年启动,于 2017 年颁奖,如果该竞赛的获奖作品能够顺利通过美国食品药品监督管理局的审核,那么它最终将会进入消费市场。

▶ 图 9-1

"太空船一号"激励着 X 大奖的每一个人极力实现问题和洞见

第 9 章 聚焦最宏大的问题　　251

▶ 图 9-2

在奇恩·乔哈尔的陪同下,我踏进独一无二的 X 大奖科幻作家顾问委员会区域

▶ 图 9-3

高通三录仪灵感源泉——《星际迷航》三录仪的复制品

仔细想想,戴曼迪斯和他的团队都是聚焦宏大问题的专业提问者。他们的组织正是为此而建立的,而且他们花费了很多时间思考如何改善自己的工作。比如,他们的工作方法中非常有趣的一点就是成立"由科幻作家组成的顾问委员会,预测未来世界的模样。我们与这个委员会合作,提出可以真正推动我们前进的创意想法"。他们还举办一年一度的"远见者峰会",让许多提

问资本雄厚的大师，比如詹姆斯·卡梅隆、拉里·佩奇、阿努谢赫·安萨里、威廉姆·亚当斯（William Adams），和 X 大奖董事会一起思考：世界上有哪些我们应该努力解决的重大问题？奖金模式应该如何发挥作用？他们为最高级别的挑战绘制"路线图"：应对环境变化、实现可持续居住、提供教育机会、把人类送上火星等问题。这些路线图把宏观问题切分为可以引入奖金机制的小问题。在我看来，X 大奖基金会最有成效的工作便是确定恰当的问题等级，并设立奖金。提出的问题不能太过具体，这样会限制解决方案的提出。在团队和捐赠者看来，问题应该是可以在合理时间内达成的目标，而且其奖金必须足够丰厚，可以吸引人才投入其中。当然，获奖标准必须足够清晰客观。比如对高通三录仪挑战来说，获奖产品被定义为"第一个能够像 15 位执业医师一样准确诊断出 10 种重大疾病的仪器"。

如果说 X 大奖基金会所处的是提出宏大问题的产业，那么我们会发现它并非特例。事实上，这个致力于提出催化性问题的产业正在蓬勃发展。开放式创新平台 InnoCentive 等公司的存在完全是为了管理众包竞争，寻求外部创新力量，解决公司的研发问题。而且，经过不断地思考，它们已经非常善于设计问题，使问题既能够带来最具创意的解决方案，也能够最大限度地提高人们的参与度。

提到这个产业，或者更准确地说是这个生态体系，我想谈谈麻省理工学院媒体实验室。这个享有盛誉的关于创新和系统级思维的组织距离我在肯德尔广场的办公室只有几步之遥。在最近的一次访问中，我和主任伊藤穰一（Joi Ito）探讨了实验室的项目和宗旨。简而言之，他告诉我，创立实验室目的就在于"创造一个我们可以不断提问的空间，为'机缘巧合'的实现创造条件"。实验室大概有 800 名员工、学生和研究人员，他称之为"提问的世外桃源"。这个词非常贴切，因为该实验室每半年就会举办活动，为那些相信实验室可以帮助它们探索本可能被忽视的领域的赞助企业提供帮助。他说："每年两次，有多名企业人士来到这里，他们会切换到探索模式，开放心态，勇于尝试。"

他们也对如何提出更宏大、更优质的问题进行了非常深入的思考。实验室还经常充当桥梁，促进现实世界中的实干派与理论技术派的交流。迅速做出原型（或是实验室所谓的"样本"）也是一条核心原则，因为这可以促进来自不同领域的团队成员之间的合作。"如果想要设计一个教育机器人，团队中的发展心理学家、机械工程师和电脑科学家在理论上并没有多少可以沟通的地方，"伊藤解释说，"但是他们可以共同合作完成任务。"

在过去的 30 多年中，由尼古拉斯·尼葛洛庞帝（Nicholas Negroponte）和杰罗姆·威斯纳（Jerome Wiesner）在 1985 年创立的麻省理工学院媒体实验室发展了许多做法和惯例，使其团队能够有效地提出正确问题。我想重点强调其中的一点，因为这是我非常喜欢的一项操作。实验室会定期招聘"其他"类型教授。他们认为，总有一些非常有能力的学者致力于研究并不属于现有学科的宏大问题。在填写自己的所属领域时，他们只能选择"其他"。伊藤认为这些人并非没有学科，而是反学科。这一做法向广大想要在麻省理工学院媒体实验室谋求职位的学者传达了这样一条信息："如果你可以在其他地方完成自己想要做的工作，你就不应该申请这一职位。如果你可以从其他地方获取研究资金，这一职位就不适合你。"

媒体实验室、X大奖基金会、如雨后春笋般涌现的众包创新平台的发展令人激动不已。这些组织不仅促进了提出宏大问题这一行为的发展，也使得全世界更加意识到了提问的力量。

提出宏大的社会问题

同样的道理也适用于在过去几十年中崛起的社会企业家。他们关注的更多是影响力，而非利润，他们把当今社会最为宏大的问题摆上桌面，使得更多的人可以共同应对。

我认识马克·鲁伊斯（Mark Ruiz）和里斯·费尔南德斯·鲁伊斯夫妇已经多年，他们都是在早年间就学会了"与问题共存"的社会企业家。里斯是Rags2Riches的主要推动人，该组织致力于帮助菲律宾的社区工匠创造时尚和家居产品，并将它们推入国际市场。里斯告诉我，在她还是小姑娘的时候，就对自己目睹的不公平感到深恶痛绝，因此她通过营造平等的竞争环境帮助周围的小商小贩，便是很自然的事情了。不过她提出，她的提问能力也起到了推动作用。上大学的时候，周围的贫困景象让她和同学们大为沮丧，但是"我们中的一些人认为许多人的贫困是不努力造成的"。她并没有简单地接受这一想法，而是思考："如果营造公平的竞争平台，使所有人都有同样的机会，那么我们就会知道，贫困是不是因为这些人不努力。"回忆过往，里斯说："我对穷人没有任何成见，我只是总会问'为什么'。他们为什么会这样？如果我们有所行动，他们会有什么反应？"

她提问的本能对她坚持这个项目也起到了很大作用，因为建立这个项目所花的时间比她预想的要长。"赢得工匠们的信任就花了我们 4 年时间，"她回忆说，"对于想做好事的人来说，这是一个意外。我会想，咦，他们为什么不信任我？我是在帮他们，他们为什么不能投桃报李？但这样想并没有什么用，相反，正确的问题应该是，他们经历过什么？是什么使得他们缺乏对别人的信任？"这一角度使她明白了，数代人形成的信任问题是无法在一年中就被解决的。"这些问题帮助我塑造了 Rags2Riches，现在仍然影响着它，"里斯表示，"如果当初我急着得出结论，那么我就不会有今天的成果。"

大概就是在里斯成立 Rags2Riches 的时候，马克也成立了一家社会企业，宗旨与之类似：营造公平的商业环境。他之前一直在联合利华公司工作，了解其营销渠道，也因此认识了许多街边小店的老板，这种便利店性质的小店在菲律宾大概有 50 万家。他回忆说："我在研究它们时想到的问题是，为什么这种小店的数量如此庞大，却只有极少数可以发展壮大？"在联合利华公司工作的他也了解跨国公司为诸如沃尔玛百货有限公司之类的大客户提供的服务。于是他想："我们如何才能为这些街边小店提供和大客户一样的服务，包括同样的关爱、关注和能量？"他

问题即答案　　256

表示，这正是自己成立"快乐菲律宾人"（Hapinoy）的创始问题，这一非营利组织的宗旨是"助力菲律宾经济被边缘化的最后一英里[①]——微型零售店"。它所有的工作都是围绕着向这些商家提供过去只有大型零售商才能够享有的高效销售渠道和商业发展策略展开的。

我非常敬佩这对夫妻的原因之一，是他们不仅善于提出宏大问题，而且有提问意识。比如，当我问马克，他们的工作是否会互相补充时，他谈到自己经常会提出关于如何改善运营的"冷酷、逻辑性强"的问题，而里斯总是更重视情商。他总是思考"快乐菲律宾人"应该如何提高店主的收入，其中很多店主都是需要养家糊口的母亲。"但是里斯总是会超越这些收入问题，考虑人们真正珍视的要素和整体幸福指数。"他表示，"里斯关于生活质量的思考是我无法完成的，说实话我没有这个概念，但是她有。"

马克和里斯的故事只是这个庞大且生机勃勃的社会企业界的一个缩影，但是我觉得它很有代表性。社会企业的崛起意味着宏大问题提出者的崛起。在这个时代，越来越多的人似乎可以接受更宏大的挑战，越来越多的人似乎也渴望更宏大的意义。就像马克一样，他们环顾这个对成功有着非常狭隘的定义的工作环境，提出：这就足够了吗？他们看着提问能力被工作环境削弱的同事，提出：我也想像他们一样吗？而且与以往不同的是，他们并没有

[①] 1英里≈1.609 3千米。——编者注

到此为止。他们没有向"安静绝望的生活"屈服，他们把自己的问题化作了探索新道路的决心。

宏大意味着基本

"宏大问题"另一个也许更加准确的表述方式就是"基本问题"。意义最为重大、可能具有变革效应的问题正是那些回归第一性原理的问题。这种思路意味着，并非所有的宏大问题都是世界级的。它们可能在局部的维度上产生影响，比如对某个社区、公司或个人产生变革效应。

琼·拉罗韦雷（Joan LaRovere）是波士顿儿童医院的一名小儿心脏科医生，工作非常繁忙。但是在工作后不久，她就与他人共同成立了美德基金会（Virtue Foundation），一个致力于人道救援的组织。拉罗韦雷设立基金会是因为她意识到，向受助国提供的医疗和其他援助并没有被运送到这些国家中最需要帮助的地区。它们往往会大量聚集在港口城市，无法到达偏远的农村地区。拉罗韦雷和共同创立人埃比·伊拉希（Ebby Elahi）意识到，这一问题的应对方案是得到问题区域更为细化的数据，做好标注，从而为援助工作提供更好的指引。

这对整个世界来说，无疑是一项伟大的工作，但是在与拉罗韦雷交谈时，我清楚地感受到，她认为这项工作对她的灵魂也是极其有益的。几年前，拉罗韦雷意识到，仅仅关注物质世界的成功是不够的。她认为物质世界并非我们的全部，随之而来的变革性问题就是,"我打算去往何处"。这是一个触及灵魂的宏大问题,事实也的确如此。同时,它也为拉罗韦雷的日常工作和生活提供了非常具体的指导。"当你开始以这种方式生活和思考时,你就会在各种生活经历中努力保护、滋养、培养它,"她解释说,"然后你会开始审视自己的每一个行为、每一次交流。这是否有益于我的灵魂?还是对其有害?这是否使得我离自己的目标更进一步?"

听说奥普拉·温弗瑞的项目时,我也想到了拉罗韦雷的问题。奥普拉把2018年称为"宏大问题年"。这是什么意思?"每个人都有关于自己的别人无法回答的宏大问题,"她一开始便解释说,"我们每个月提出一个这样的问题。这些都是我深思熟虑并知道答案的问题。我还知道这些答案会不断演化。"[4] 关于奥普拉的很有趣的一点是,她拥有独一无二的个人品牌,可以影响粉丝生活的方方面面:从个人恋爱、健康问题到对国家和国际事务、社会运动的兴趣与参与积极性。从阅读的书单到投资选择,她能够影响数千万人。在她的宏大问题年,她一直在用自己的影响力督促人们更多地关注在各个层面上应该关注的问题。

奥普拉相信提问力量并不奇怪,她从十几岁便开始进行名人一对一实时访谈直播。截止到她的最近一期节目,她已经参与了4 589期节目,采访了37 000人。"我从多年的采访中学到的一点是,"她表示,"想要得到正确的答案,就必须提出正确的问题。"可以想象,她提出的问题应该多于世界上的其他任何人。但是我认为,她督促大家更加关注自己生活中的宏大问题与其自身经历有关。她曾表示，在读完加里·祖卡夫（Gary Zukav）的《灵魂的座位》(*The Seat of the Soul*) 一书后，她突然醒悟，彻底改变了自己的生活。"让我最为震撼的一章是，"她在该书25周年版本的序言中表示，"关于意愿的一章。在此之前，我深受取悦症的困扰……我屈服于别人的需求和愿望。即使十分想拒绝，我也会答应下来。当我意识到，自己取悦别人的意愿正是招致这些要求的原因时，我实现了突破。在我开始改变，去做自己想做的、感觉值得花时间做的事情之后，情况大为改观。"[5]

奥普拉说，从那时起，她总要询问自己的采访对象："你的意愿是什么？"她想确认自己对这个问题的理解有助于他们的采访。也许对许多人来说，这是他们第一次听到这个问题，他们因为被迫思考而受益。现在，奥普拉向全世界提出这个问题，因为她从自身经验中明白，简单的提问可以产生巨大的影响。用她的话来说："提出正确的问题，答案便会自然浮现。"

我们中的一些人比别人更习惯提出宏大的问题，但是本章希望传达的信息是，每个人都可以提出比现在的问题更宏大的问题。这受益于提问能力和意识的提高，可以帮助大家专注于最重要的问题。

其中的一些问题会涉及人生意义。大家肯定不想成为伊藤穰一所说的那种人：拼命奔跑，好不容易有时间停下来的时候，突然意识到跑错了跑道。他说："为了避免这一情况，我认为不断审视自己是否在追求珍视的东西是很重要的。"优秀的提问能力可以帮助你应对更广阔的世界中的问题。

理想情况下，更加专注于提出正确的问题，而非仅仅给出答案，有助于你将两者更好地结合起来。就像里斯所说的那样："推动我前进的问题一直在演化。过去总是一些有时限的具体问题，比如'帮助500名工匠脱贫'，这很棒。但是后来我意识到，这些问题应该只是里程碑，而非人生意义。宏大的问题应该是长效的，能够经受挫折、延期、痛苦、失望和失败的考验。"

后　记

你会向自己提出什么问题

一个人向自己提出的问题至少可以照亮自己的世界，并成为他了解他人的关键。

——詹姆斯·鲍德温（James A. Baldwin）

我相信，无论我们是否有意识地知道，所有人都有指引自己生活的基础问题。为了成为最好的自己，我们提出这些深深植根于内心的问题。我在与人交流时多次注意到这一点，他们出于各种各样的原因，努力深入探寻自己的动机。那些花时间理清自己志向的人，通常会将其总结为某种激动人心的座右铭或使命宣言。

其中一些志向的表述方式非常有创意。我一直很喜欢作家罗伯特·富尔格姆（Robert Fulghum）讲述的他参加由亚历山德罗斯·帕帕德罗斯（Alexandros Papaderos）组织的为期两周的克里特文化研讨会的故事。帕帕德罗斯在二战后为修复自己祖国与德国的关系付出了巨大的努力。富尔格姆在研讨会上深受启发，因此在最后一次研讨会的提问阶段，他顺理成章地提出问题："帕帕德罗斯博士，人生的意义是什么？"帕帕德罗斯并没有嘲笑这个许多人认为老掉牙且无法回答的问题。他知道答案，至少知道自己对这个问题的回答。他审视着富尔格姆的表情，在确认他的真诚之后，拿出钱包，从中掏出一个小镜子，平静地解释它的意义。

我小时候正值战争时期，我们家很穷，住在一个偏远的山村。一天，我在路上发现了一面镜子的碎片，它是一辆德国摩托车的残骸。

我努力拼凑所有的碎片，但是并没有成功。于是我留下了最大的一片……我把它当作玩具，惊喜地发现自己可以把光反射到阳光永远不可及的地方：深洞、裂缝、暗橱和墙后。把光照进最为阴暗的地方成了我乐此不疲的一项游戏。

长大后，我慢慢明白，这不仅是一项游戏，而且是关于我人生使命的隐喻。我明白自己并非光源，但是光，真理、理解和知识之光，就在那里，只有通过我的反射，它们才会在许多黑暗的地方闪耀。

我只是镜子的一个碎片，并不了解它的整体设计和形状。但是，我可以竭尽所能地将光反射到这个世界上黑暗的地方，人们心中的阴沉之处，改变一些人的某些方面。也许有人会注意到并效仿我的做法。这就是我，这就是我的人生意义。

获得这样的目标感使得帕帕德罗斯成为具有非凡影响力的伟人。这一目标每天都会带来新问题："今天我会发现哪些需要光明的黑暗之地？我将如何使光反射进去？"这引领他得出一个重大结论：自己应该与克里特岛的主教伊里诺斯共同创建一所生机勃勃的学院，致力于培养和解精神。这正是富尔格姆参加的研讨会的所在地。这一目标也帮助帕帕德罗斯回答了许多日常小问题，比如他选择对富尔格姆讲述自己的故事。[1]

有人在人生早期就能感知到并且能清晰地描述推动自己人生之旅的问题，这是一件美妙的事情。史蒂夫·乔布斯便是如此，他告诉哈佛大学 2005 级的毕业生："17 岁的时候我读到一句话，大意是'如果你把每一天当作人生的最后一天，总有一天你会是正确的'。这句话给我留下了深刻印象，在此之后的 33 年中，我每天早晨都看着镜子中的自己，扪心自问，如果今天是我生命中的最后一天，我是否还会想要做今天本来计划要做的事？如果答案连续好多天都是否定的，我就知道自己需要做出改变了。"

里奥尔·迪维告诉我："我很小就意识到自己需要快乐，因为我永远不会满足。每次我做某件事时，都希望再次看到它的边界，在那里，我可以继续推动它。我能否继续突破极限，取得比今天更大的成就？这就是我内心的座右铭。"

Spanx 的创始人兼首席执行官萨拉·布莱克里提到，在自己的成长过程中，父亲经常在晚餐时间提出一个问题："这个星期你们在哪些方面失败了？"她提到，父亲总是鼓励自己和弟弟把风险当作"馈赠"，这让她了解到，失败并非某种结果，而是"不去尝试"。与其类似，蒂法尼·什拉因也始终记得并感谢父亲对自己的教导："如果你的生活中没有风险，那你就是过度舒适了。"我在前面也提到过，布莱克里努力把父亲的问题传递给Spanx的每一位员工。"这真的使得我更加自由自在地进行尝试，"她表示，"并且在生活中大胆突破。"

许多人都是在突然意识到自己被错误问题误导之后，才得出了指引日常行为的正确问题的。嘉理理财的首席执行官沃尔特·贝廷格向我讲述过他在大学中的此类经历。决心要在商界大显身手的他，坚持不懈地专注于掌握管理课程的框架与概念，并取得优异成绩。他在大三时甚至修了两倍的课程，希望能够早点儿毕业。他在此之前得到了全A的成绩，但是最后一门课程的最后一次考试却破坏了他完美的平均绩点。这是一门策略课程，一周上两次课，晚上6点到10点上课，教室在商学院一栋普普通通的教学楼里。几乎在10周课程的每一次课后，同学们都会留下来，在教学楼里找地方组成学习小组，为下次课的课堂讨论和测试做准备。

期末考试那天，教授走进教室，给每位同学发了一张白纸。"我已经教会了你们需要了解的商业策略，可以帮助你们踏入真实的商界，"他说，"但是，你们的成功需要的远不止这些。"他让大家在白纸上写下自己的名字以及两个问题的答案：打扫这栋教学楼的是谁？她叫什么名字？年轻的贝廷格瞪大了眼睛，他大致知道她的样貌,因为她经常来教室清理垃圾桶,他也经常在去自动售货机的路上碰到她。但是他们彼此讲过话吗?

后来贝廷格得知她叫多蒂,不过这是在他考试不及格之后。这成为这门课程中对他影响最为深远的一节课。贝廷格说自己尤其惭愧,因为自己就来自一个多蒂这样的家庭,他本应该具备教授希望他们具有的价值观。回顾漫长的职业历程,他发现自己的成功在很大程度上得益于不断修正自己对雄心勃勃的领导者应该问自己的问题的理解。它不是"我如何才能成为最聪明的策略家",而应该是"我的组织的成功依赖于哪些人"和"他们需要哪些条件才能工作得更加出色"。

我自己则在序言中提到的 2014 年的那次突发心脏病之后醒悟了。回头想想,很明显,我在这次危机之前的几个月里不仅工作量很大,而且精神和身体压力都很大(平均每个月要进行 2~3 次洲际旅行)。我为什么让事情发展到这个地步?后来我意识到,这是因为我让错误的问题掌控了我的生活,而且 50 年来,我从没有好好审视它。我认为自己并不是唯一面对这种情况的人,因为基础问题往往源自童年。

许多人在成长过程中,都遇到过这样的父母或亲属:虽然他们使用暴力的次数并不多,但是他们仍成了严酷且不可预测的心理折磨的来源。在这种环境中长大的孩子,通常都善于察觉他人情绪的变化、减轻他人的伤痛。难怪我最初的基础问题衡量自我价值的有力标准便是"如何让爸爸开心"。不知不觉,它在我的成年生活中演变成了一个更为宽泛的问题:如何让周围的人都开心？就像奥普拉所说的那样，我深受取悦病之苦。

我也认为，使所有人都开心对自己来说是个荒谬的要求，随着时间越久、人际关系越复杂，压力也会越大。但是如果想要做出改变，大家必须找出现在的基础问题，并且想办法用更好的问题取代现在的错误问题。正如治疗顾问梅若李·亚当斯所说的那样："学习提出正确的问题，就像是破解变化的密码。"现在，我已经完成了这一任务（在许多人的帮助下，我由衷感谢他们），我正在摆脱那一沉重的负担。我现在的基础问题——如何使面前这个人的生活立刻发生积极变化，听起来似乎变化并不大，但是它允许"严厉的爱"的存在，即我也许可能会使对方在当下感到愤怒，但有希望使他最终产生积极改变。这促使我走向一种无须为他人开心与否负责的仁爱。

我们的基础问题都不是刻在石头上的，它们会随着时间改变，因为环境的改变会带来不同的可能。我曾经问南丹·尼勒卡尼，他的心中是否有一个问题指导他的决定。他首先承认："我算是比较幸运的人，无论是在事业还是其他方面。"当然，他主要指的是创建 Infosys 这家市值超过 340 亿美元的跨国公司。对他来说，正确的问题也在演变："考虑到我独一无二的地位和能力，我如何才能最大限度地对更多人产生最大限度的影响？"这样一个基础问题使他成为扫盲运动的中坚力量。当印度总理请他负责一个为每个公民提供官方认可的身份的项目时，他也没有推辞。[2]

你是否清楚自己的基础问题？你是否在它需要被重新审视的时候有所察觉？如果有更好的问题浮现出来，你是否可以意识到？本书的核心思想之一便是在某些情况下，在生活或工作中，更好的问题很可能会自动浮现出来。因此，我们需要不断提醒自己承认错误并且为之欢欣鼓舞，踏出舒适区，迫使自己更多地保持沉默并进行反思。使自己沉浸在会犯错、不适、沉默的状态中，你的问题便会成倍增加。

有趣的是，正是这三项条件决定了我对自己的业余爱好摄影的理解。年轻时，我利用摄影记录重大事件，偶尔也挣点儿外快，但是现在我才意识到它带给我的收获。目标明确、时刻专注的摄影工作不仅可以为催化性问题的产生创造条件，而且它本身就是一种提问形式。在为写作本书进行调研的过程中，我与马库斯·莱昂（Marcus Lyon）的对话引发了我最为深入的思考之一。他早期以肖像摄影师闻名，拍摄的人物极有个性，不仅包括英国王室和首相，也包括南美街头的孩子。最近几年，他还利用自己的才能创作作品集，探索城市化和大规模移民等问题。用他的话来说，他努力利用大量现代世界中的全球化现象作品来引发关于当代社会最重大变化的提问。

莱昂最近的作品《我们是巴西人》(*Somos Brazil*)探索了21世纪初巴西社会的多元身份问题。他把引人入胜的图片与由画面激活、基于应用程序的声音场景结合起来，其中还加入了真实的个人DNA地图，以讲述100多个了不起的巴西人的故事。其中之一便是玛丽亚·达彭哈·马娅·费尔南德斯（Maria da Penha Maia Fernandes），莱昂对她的描述如下。

在玛丽亚的名字成为一项法律之前，女性在家中被殴打并遭受死亡威胁时，并没有意识到自己是受害者。家庭和社区的沉默意味着她们必须接受这一残酷的生活现实。也许在11340号法律条文，也就是玛丽亚法案，通过的10年之后，恐惧、痛苦和不公的环境并没有太大改变。但是现在，数百万的女性有了法律保护，有了开始新生活的机会。有了法律的保障，许多人就有了向警方举报自己的丈夫和男朋友的暴力行为的勇气和动力。现在，在学校、研讨会、公共卫生系统和政府中都可以听到关于针对女性的暴力问题的讨论。

身为生物药物学家的玛丽亚·达彭哈·马娅·费尔南德斯现在已经70多岁了，家庭暴力不仅给她的身体留下了伤疤，也给她的内心带来了创伤。她的前夫马可·安东尼奥·埃雷迪亚·维韦罗斯（Marco Antonio Heredia Viveros）是哥伦比亚的一名教师，曾两次企图谋杀她。他第一次枪击她的后背，导致她下身瘫痪，第二次则是电击她。她幸存下来，花了20年的时间将他送进监狱，并且努力为被虐待、被忽视的人们争取权利。她希望更多的女性相信暴力是可以减少的，也希望更多的女性可以为这一目标努力。每当莱昂拍照时，他都感觉自己必须与对方产生强烈的情感共鸣，这样才能更好地讲述他们的故事。"如果你提出正确的问题，打开他们的心灵之门，"他发现，"对方的情绪就会更强烈，照片就会更具感染力。"

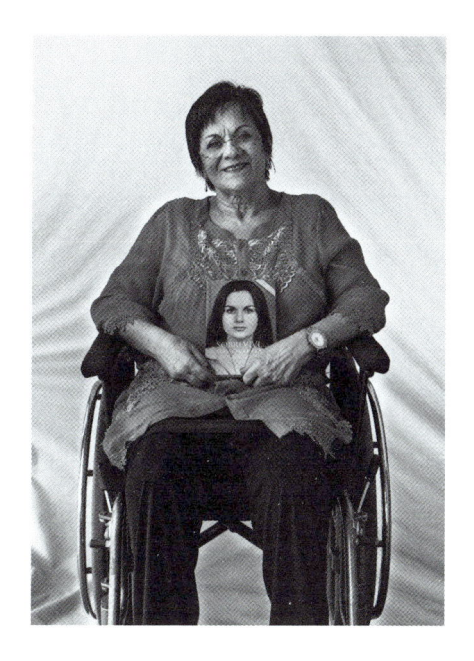

▶ 图后-1

《我们是巴西人》中玛丽亚·达彭哈·马娅·费尔南德斯的照片。马库斯·莱昂拍摄

我在第 6 章开篇介绍了我的朋友萨姆·埃布尔，提到他对我的影响绝不仅限于摄影技术。我模糊地感觉到自己的职业与业余爱好是交融的。作为埃布尔的学生，我深入思考了摄影与提出更好的问题之间的关系。后来，我们与圣达菲摄影工作室共同通过麻省理工学院行政管理项目开设了一门课程，名为"领导力与镜头：重塑问题，释放洞察力与影响力"。摄影充满了各种隐喻的可能性，焦点、取景范围或景深都很容易被转化为其他概念。但是，除了隐喻之外，学会安静等待意味着要有意识地决定花更多时间保持安静、不适的状态，并且接受自己可能犯错的事实。它对于提出更好的问题有直接帮助。

受埃布尔的影响，我现在看待摄影作品的角度已经发生了变化，会利用它们挑战我的基本假设。我最近组织了一个名为"奇迹窗之墙"（Wonder Windows Walls）的项目，试图用照片的形式追踪从健康到不健康，最终回归健康关系的过程，其中有一张照片我尤其珍视。读过富尔格姆关于人生意义的故事之后，我一直想亲自参观帕帕德罗斯在克里特东正教学院创建的和平研究所。2010年9月，我和妻子在阿布扎比生活时，终于实现了这一愿望。我们住在一家曾经抵抗过德国人的克里特后裔的家中。他们向我们分享了一些老照片，谈到了祖先的英勇和他们遭受的苦难。他们还带我们参观了一些历史遗迹，那里发生过许多悲剧，包括对整个村庄的屠杀。

在这个风景优美、居民友善的小岛上，沉重的历史一直压在我们心头。一天在干尼亚漫步时，我积极寻找新的照片，希望将其纳入我的项目。经过一扇被多次粉刷、已然斑驳的门时，我突然被两把生锈的门锁旁边的一个铅笔大小的洞吸引了。它使我想到了摄影师安尼·欧佛森（Anneè Olofsson）在《这就是你和我》（This is who I am me and you）中的一些对于精神虐待的描绘。我从漆黑的洞口判断，里面的空间是没有光的。与此同时，我站在小巷的阴影之中，鲜艳的靛蓝色和其周围深金红色的铁锈映入我的眼帘，就像地中海炫目的阳光。它像磁石一样深深吸引住了我，我从各个角度对它进行拍摄。最后得到的照片简直让人惊叹，它现在就挂在我家入口的通道处。

▶ 图后-2

照片的一角便是地中海边的克里特东正教学院，亚历山德罗斯·帕帕德罗斯正是在此处，用意味深长的故事回答了罗伯特·富尔格姆的问题：生命的意义是什么

▶ 图后-3

佐拉·尼尔·赫斯顿（Zora Neale Hurston）曾表示："有些时候年份是问题，有些时候年份是回答。"当时我怎么也没有想到，克里特岛上的这扇门带着它兼容并包的力量，在几年后为我提供了一个改变自己人生轨迹的选择。苏济·李（Suzi Lee）拍摄

去年，我的好朋友兼同事布朗温·弗赖尔（Bronwyn Fryer）来到我位于波士顿北部海岸的家中拜访。布朗温、苏济和我开诚布公地谈论了自己的生活、友谊和基础问题。我还向他们分享了一个我写给自己的文件，其中列出了我打算放弃写作本书的理由。战线太长、事情太多，我简直要精疲力竭了。我承认，尽管我从

后　记　你会向自己提出什么问题

理智上已经把自己的基础问题从友善转向了仁爱,但是从情感上来讲,我经常偏离这个新的基础问题。对我来说,与布朗温和苏济的炉边谈话不易开口,但很有启发性。

谈话结束,我们在下楼的时候经过了那张在干尼亚拍摄的照片,那一刻它突然有了全新的意义。情感天平终于从我的眼前消失了。我意识到自己总是从内部角度观察这张照片,沉浸在黑暗之中,寻找光明。不知何故,生活、命运以及与朋友和咨询师的无尽交流打开了我的心灵之门,使我开始从外部观察这张照片。

▶ 图后-4

这是光明的孔洞还是黑暗的孔洞,完全取决于你的内心那一刻我突然明白，我可以欣赏、珍视、享受、接纳这扇门表面繁复深厚的美，而不是陷入那个洞的无尽黑暗中。我卸下了自制的镣铐，虽然并不彻底，但总是有所进步。

我当时就意识到，我可以选择指导生活的问题。它们会给我以及周围的人带来光明还是阴云？这完全取决于我。

我在本书开篇提出，只有发现使广大读者受益的重大事实真相，才应当著书立说，但是写书还有一些其他不错的理由。我希望大家可以从《问题即答案》这本书中得到灵感，成为更优秀的提问者，并从我遇到的众多非常有创意的问题解决者身上得到实用的经验。如果真的能如我所愿，我会感觉自己将新的光线反射到了大家的生活之中。对我来说，这个创作过程的收获远超预料。我不仅收获了无数答案，更收获了众多问题，一切都因此而不同。

致　谢

有时，我们自己的光会熄灭，然后被他人的火焰重新点亮。我们每个人都应该对那些点燃我们内心光芒的人深怀感恩之心。

——阿尔贝特·施韦泽（Albert Schweitzer）

　　提问能力的建立绝不是凭借一己之力就可以完成的。幸运的是，我周围一直有人相助。是谁对我的提问能力有着最为深远的影响？是谁使得我可以通过本书进行分享？多年来，太多人都曾鼎力相助，我甚为感激，下列内容远非详尽无遗。
　　感谢200多位肯花时间向我讲述生活中问询的力量的人。我访谈整理出数百万文字，均为他们深刻的生活体验，这些内容在我坐下来思考促使人们提出催化性问题的要素时，都深深启发了我。我真希望可以详细讲述每一个故事，但受本书篇幅限制无法实现。许多关于问题的惊人力量的智慧和洞见在编辑阶段不得不被舍弃，希望以后有机会以其他形式呈现。

感谢过去30年以来10所大学的数千名学生，他们来自加州州立大学富尔顿校区、圣迭戈州立大学、宾夕法尼亚州立大学贝伦德校区、图尔库经济学院、达特茅斯学院、杨百翰大学、赫尔辛基经济学院（即现在的阿尔托大学商学院）、伦敦商学院、欧洲工商管理学院和麻省理工学院。感谢世界各地工作坊的数千名领导者，他们给予我灵感和力量，使我可以用不断发展的眼光看待问题的方方面面。

感谢斯图尔特·布莱克（Stewart Black）、杰夫·戴尔、马克·门登霍尔（Mark Mendenhall）、艾伦·莫里森（Allen Morrison）和加里·奥德多（Gary Oddou）意义非凡的工作，感谢他们30年来一直在进行关于领导者如何运用提问能力破解全球化、改革转型和创新密码的合作研究。

感谢麻省理工学院领导力中心的同事德博拉·安科纳（Deborah Ancona）、艾比·贝伦森（Abby Berenson）、艾玛·考德威尔（Emma Caldwell）、特蕾西·普林顿（Tracy Purinton）和纳尔逊·雷佩宁（Nelson Repenning）帮助我构建关于21世纪以及未来挑战驱动型领导力的新问题。感谢麻省理工学院斯隆管理学院的埃米利奥·卡斯蒂利亚（Emilio Castilla）、杰克·科恩（Jake Cohen）、S.P.科萨里（S. P. Kothari）、雷·里根斯（Ray Regans）、戴维·施米特莱因（David Schmittlein）和埃兹拉·朱克曼（Ezra Zuckerman）提供了使本研究得以顺利开展的资源获取路径。感谢伊藤穰一关于麻省理工学院媒体实验室内部工作机制的洞见，感谢他热切地致力于在麻省理工学院及其他学院维持进行创造性和建设性探索的活跃氛围。感谢乔斯林·布尔（Jocelyn Bull）、弗吉尼亚·盖格尔（Virginia Geiger）、雅基·麦戈德里克（Jacky McGoldrick）和埃丽卡·保莱蒂（Erika Paoletti）不辞辛劳的努力，帮助我这个喜欢迂回前进的多动症患者一直在正确的轨道上前进。

感谢出色的研究助理团队，他们每一个人都有敏锐的头脑、优质的问题和远超我预期的自律：伊丽莎·拉罗韦雷（Eliza LaRovere）、克里斯·宾厄姆（Chris Bingham）、梅丽莎·休姆斯·坎贝尔（Melissa Humes Campbell）、布鲁斯·卡登（Bruce Cardon）、贾里德·克里斯坦森（Jared Christensen）、雅妮卡·狄龙（Janika Dillon）、本·福克（Ben Foulk）、诺兰·戈弗雷（Nolan Godfrey）、马克·汉柏林（Mark Hamberlin）、斯宾塞·哈里森（Spencer Harrison）、朱莉·海特（Julie Hite）、玛西·霍洛曼（Marcie Holloman）、罗伯特·詹森（Robert Jensen）、基林·韦尔斯·克雷布斯（Kirin Wells Krebs）、克里斯滕·奈特（Kristen Knight）、托德·麦金太尔（Todd McIntyre）、杰恩·波加（Jayne Pauga）、斯宾塞·惠尔赖特（Spencer Wheelright）、亚历克斯·罗姆尼（Alex Romney）、杰克·施罗德（Jake Schroeder）、迈克尔·夏普（Michael Sharp）、玛丽昂·沙姆韦（Marion Shumway）和劳拉·霍姆斯泰德·斯坦沃斯（Laura Holmstead Stanworth）。

感谢我在欧洲工商管理学院工作时的同事吉莉恩·圣莱热

（Gillian St. Leger）和拉迪亚·吕西·贝格（Raddiya Lüssi-Begg）创造性地开启了13号教室和掌上乾坤木偶剧团之门。吉莉恩和拉迪亚一直致力于创造更美好的世界，这也使得我不断与这个世界中的宏大问题较量。

感谢《哈佛商业评论》的编辑艾米·伯恩斯坦（Amy Bernstein）、丽莎·伯勒尔（Lisa Burrell）（现供职于《斯隆管理评论》）、萨拉·格林·卡迈克尔（Sarah Green Carmichael）、萨拉·克利夫（Sarah Cliffe）、苏珊·多诺万（Susan Donovan）、阿迪·伊格内修斯（Adi Ignatius）和梅琳达·梅里诺（Melinda Merino）。感谢他们发现思想中的微光，并使之成为更耀眼的光芒。

感谢数千名世界经济论坛的参与者和组织者，尤其是蒋睿杰（Jeremy Jurgens）、西尔维娅·冯·贡滕（Sylvia Von Gunten）和安德烈亚·翁（Andrea Wong）。感谢他们创造了对话空间，使得关于全球重大挑战的催化性问题得以被提出并解答。

感谢沃尔特·贝廷格、乔纳森·克雷格以及嘉信理财的其他员工，感谢他们展示了提问能力在决策中的关键作用。感谢吉尔·福瑞尔（Gil Forer）、迈克·因塞拉、约翰·鲁代斯基、乌斯奇·施赖伯（Uschi Schreiber）、马克·温伯格以及安永会计师事务所的其他员工，感谢他们通过提问努力创造更美好的工作环境。感谢马克·贝尼奥夫、西蒙·马尔卡希以及Salesforce的整个创意团队，感谢他们在探索创建平等并充满机遇的未来社会时对问题的重视。

感谢舍恩·比奇勒（Schon Beechler）在 13 年前提出了重塑我人生意义的探索性问题。她的勇气、激情和知足常乐的精神现在依然是我积极能量的源泉。

感谢戴维·布雷希尔斯长久以来的友谊将我的问题和提问能力推向极限，感谢他在 2015 年的珠峰大本营和昆布冰川探险中展现的领导力。感谢安·普拉和宏帕在探险中睿智、专业的指导，感谢比什努和江布的毅力与力量。

感谢马克·威德默不断提醒我，生活不能局限于高墙之内，最好的问题经常在最不寻常的情况下出现，比如从 150 英尺的天然石拱门中心顺绳索而下时。

感谢罗伯·霍尔、麦克·霍利（Mike Hawley）和里基·巴拉德斯（Ricky Valadez）帮助我了解音乐和其他艺术形式如何无声地提出最伟大的问题。

感谢罗杰·雷曼（Roger Lehman）伟大的提问艺术，无论作为行政导师、心理治疗师、同事还是朋友，他都展现了这一技巧。他的问题往往会触及生命中最脆弱的部分，但是最初的痛苦往往能治愈隐性的情感创伤。

感谢艾哈迈德·博泽尔这位认为"所见即所得"的领导，他关心每个人的福祉，特别是那些常常被忽视但是对成功至关重要的人。对所有人的感恩之心促使他在自己生活的方方面面诚实地发问。

感谢苏拉娅·萨尔蒂对数百万阿拉伯年轻人产生的深刻、积极的影响，感谢她一直用两个问题指导自己：下一个待开发的领域是什么？我们现在可以做些什么？她短暂的一生正是对问题的力量的有力证明（请大家支持欧洲工商管理学院的苏拉娅·萨尔蒂社会影响力奖学金，把她的未竟事业传承下去）。

感谢哈珀柯林斯出版社的霍利斯·海姆巴奇（Hollis Heimbouch）对问题的热爱；感谢她在本书远未成形时便对它满怀信心；感谢她对本书中的照片的创新性处理，这对我来说意义重大。感谢哈珀柯林斯出版社的丽贝卡·拉斯金（Rebecca Raskin）把每个阶段的无数细节串联起来，感谢她对本书进度的不懈关注。感谢蕾切尔·埃林斯基（Rachel Elinsky）和彭妮·马克拉斯（Penny Makras）以令人信服的方式为这个世界塑造并呈现的精彩思想。

感谢艾德·卡特姆在我们谋面之前便已成为我提问道路上的灯塔，感谢他在过去几年中因我们的互相了解而发挥出的更重要的引领作用。无论身处何种风暴之中，他都能保持冷静、正直，为大家创造提出棘手问题、解决棘手问题并以新思路再次解决棘手难题的空间。这种对待工作和生活的方式在他为本书所作的序言（对此我深表感谢）中得到了淋漓尽致的体现。感谢温迪·坦齐洛（Wendy Tanzillo）作为艾德的行政助理所做的高效、优雅、专业的工作。感谢杰拉德·布什、安德鲁·戈登、马克·格林伯格（Marc Greenberg）、唐·霍尔（Don Hall）、杰克·哈托里（Jack Hattori）、拜恩·霍华德、瓦韦·约翰逊（Wave Johnson）、安·勒卡姆、安德鲁·米尔斯坦（Andrew Millstein）、吉姆·莫里斯、圭多·夸罗尼、丹尼斯·里姆（Denise Ream）、乔纳斯·里韦拉（Jonas Rivera）、凯瑟琳·萨拉斐安、丹·斯坎伦（Dan Scanlon）、克拉克·斯宾塞（Clark Spencer）和克里斯·威廉姆斯（Chris Williams）跟我们分享关于皮克斯和迪士尼动画工作室内部工作的洞见。

感谢我的朋友丹尼和苏珊·斯特恩（Susan Stern）在我数次经历生活中的狂风暴雨时，帮助我重新找到方向，感谢他们作为经纪人和公关顾问对本书核心概念的形成的帮助。感谢斯蒂芬妮·赫克曼（Stephanie Heckman）和内德·沃德（Ned Ward）一直以来对催化性问题这个概念的支持，感谢斯特恩策略团队其他所有成员，特别是凯蒂·鲍洛格（Katie Balogh）、梅尔·布莱克（Mel Blake）、贾斯廷·詹尼诺托（Justin Gianninoto）、惠特尼·詹宁斯（Whitney Jennings）、克里斯滕·泽恩根·卡普（Kristen Soehngen Karp）、丹·马西（Dan Masi）和阿尼娅·特泽皮祖尔（Ania Trzepizur）。感谢他们排除万难完成工作。

感谢萨姆·埃布尔以一己之力改变了我的摄影方式。在几年前的一次指导中，他的第一个问题便是："我如何才能在这些照片中发现更多你的痕迹？"他促使我重新审视了自己作为摄影师、作家和旅行者的工作方式的成因。感谢圣达菲摄影工作室创始人兼主管里德·卡拉南（Reid Callanan），是他提出了"谁可以完美地补充赫尔关于提问和摄影融合的思想"的问题，并推荐了萨姆。继续向前追溯，感谢埃尔登·豪利特（Elden Howlett）在20世纪70年代不计回报、不厌其烦地为刚刚踏上婚礼和人物摄影道路的我灌输提问的艺术。他的鼓励一直在不断地激励我和众多现在已经成熟（或者说至少已经长大）的年轻人。

感谢克里斯滕·科拉科夫斯基（Kristen Kolakowski），颠倒屋的创始人，和马特·比恩（Matt Beane）某天在剑桥古董市场的冒险，他们与苏济共同创建了"永不破碎烟灰缸协会"，这是我们为了减轻生活棘手问题的负担所做的努力。

感谢邦纳·里奇和洛伊丝·里奇（Lois Ritchie）深切关心我在尘世作为精神旅者的价值和福祉，感谢他们在关键时刻勇敢地发问。

感谢萨莉·巴洛一次又一次地以不同形式提出："你的立足地在哪里？"她透过历史看未来的专业技能使我得以立足于更加重要的当下。

感谢我的同事兼朋友克莱顿·克里斯坦森在25年前和我进行的一次关于问题力量的谈话，我希望它能贯穿于我的今生来世。每次离开他家或办公室的时候，我总会带着一个新问题，更好地踏上探索之路，并且总是对他的基础问题之一"我可以为你做些什么"心存感激，这正是衡量人生的一个睿智标准。感谢埃米莉·斯奈德（Emily Snyder）、布里塔尼·麦克里迪（Brittany McCready）和克利夫·马克斯韦尔（Cliff Maxwell）无畏的乐观主义精神，以及他们为克莱顿关键概念的提出所做的幕后工作。

感谢这个世界上最棒的作家之一茱莉娅·柯尔比（Julia Kirby）。我一直非常欣赏她的经历（在《哈佛商业评论》和哈佛大学出版社工作了近20年）、洞见、乐观、脚踏实地、智慧以及最重要的对写作的热爱。我们一起研究访谈笔录，从不同角度多次分析结果，探索生活中的问题。如果没有她的努力和文学天赋，本书就不可能面世。我在写作前和写作中都曾邀请她做本书的合著者，但每次她都婉言谢绝，不计名利地帮我理清思路。最终，她成功地将概念整合在一起，并且以非常有说服力的形式呈现了出来。

感谢我的母亲早期在阿留申外围小岛和瑞典偏远地区的探险生活，感谢她将自己对世界的强烈好奇心融入我们最初的移动之家和最终的房子的每一个角落。感谢我的父亲对机械设备的持续创新精神，感谢他对乐器的热爱和精通。精彩仍在继续。感谢我的哥哥马克斯为我提出更好的问题铺平道路，感谢我的姐姐苏珊营造出安全空间，我们有时甚至会讨论一些没有答案的问题。

感谢我们的孩子们，不同姓氏的他们组成了我们这个大家庭：坎斯、马特·叶米利（Matt Emily）、艾米莉·韦斯（Emilee Wes）、瑞安、科特尼·盖伊（Kourtnie Guy）、安伯、布伦特、乔丹和布兰迪。感谢孙子孙女可可、马蒂、卡什、布鲁克林、斯泰拉、罗斯、亨利和伊娃。他们分散在从西雅图到内罗毕的世界各地，每个人都坚守着自己的探索。

最后，我要感谢苏济通过一直以来对生活的热忱向我展示何为"与问题共存"。

注　释

第 1 章　什么是比找到新答案更艰难的任务

1. 阿瑟·库斯勒（Arthur Koestler）曾经提出一个悖论：一项发现越具有原创性，之后看起来就越显而易见。Arthur Koestler, *The Act of Creation* (London: Hutchinson & Co., 1964), 120.
2. 埃隆·马斯克接受艾莉森·范迪格伦（Alison van Diggelen）采访的文字稿。"Transcript of Elon Musk Interview: Iron Man, Growing Up in South Africa," *Fresh Dialogues*, February 7, 2013. Available at http://www.freshdialogues.com/2013/02/07/transcript-of-elon-musk-interview-with-alison-van-diggelen-iron-man-growing-up-in-south-africa/.
3. Ellen Langer, "Ask a Better Question to Get a Better Answer." Available at http://www.ellenlanger.com/blog/120/ask-a-better-question-to-get-a-better-answer.
4. Kaihan Krippendorff, "4 Steps to Breakthrough Ideas," *Fast Company*, September 6, 2012. Available at https://www.fastcompany.com/3001044/4-steps-breakthrough-ideas.
5. Edgar Schein, *Humble Inquiry: The Gentle Art of Asking Instead of Telling* (San Francisco: Berrett-Koehler, 2013).
6. Robert Pate and Neville Bremer, "Guiding Learning Through Skillful Questi-

oning," *Elementary School Journal 67* (May 1967): 417–22.

7. 乔纳森·艾夫在《名利场》新企业峰会上的讲话：Jillian D'Onfro, "Steve Jobs Used to Ask Jony Ive the Same Question Almost Every Day," Business Insider, October 8, 2015。Available at http://www.businessinsider.com/this-is-the-question-steve-jobs-would-ask-jony-ive-every-day-2015–10.

8. Tina Seelig, "How Reframing a Problem Unlocks Innovation," Co.Design, May 19, 2013. Available at https://www.fastcodesign.com/1672354/how-reframing-a-problem-unlocks-innovation.

9. Amitai Etzioni, "Toward a Macrosociology," *Academy of Management Proceedings*, 27th Annual Meeting, Washington, DC (December 27–29, 1967), 12–33.

10. Clayton Christensen, Karen Dillon, Taddy Hall, and David Duncan, *Competing Against Luck: The Story of Innovation and Customer Choice* (New York: HarperBusiness, 2016).

11. Malcolm Gladwell, *Outliers: The Story of Success* (Boston: Little, Brown and Company, 2008), 18.

12. 此处引文来自一位父亲——杰克·弗里曼（Jack Freeman），这也曾出现在他写的一篇关于筹款初衷的博客中。了解更多关于孤独症探索基金会的历史以及当前的活动，请访问以下网址：http://questnj.org/。

13. Ibrahim Senay, Dolores Albarracin, and Kenji Noguchi, "Motivating Goal-Directed Behavior Through Introspective Self-Talk: The Role of the Interrogative Form of Simple Future Tense," *Psychological Science 21*, no. 4 (April 2010): 499–504.

14. 我将单独论述这一问题。如果对首席执行官们所面临的困境感兴趣，请阅读："Bursting the CEO Bubble," *Harvard Business Review,* March/April 2017。

15. 这一典故来自阿瑟·奥肖内西（Arthur O'Shaughnessy）的《颂歌》（1873年）："我们是音乐的创造者，我们是爱幻想的梦想家……但我们也是举足轻重的的推动者，似乎永远都是。"我们耳熟能详的表达——"举足轻重的推动者"（movers and shakers）便来自该诗。

16. Nelson Repenning, Don Kieffer, and James Repenning, "A New Approach to Designing Work," *Sloan Management Review,* Winter 2017.

17. 其中此书尤为出色：Michael Bungay Stanier, *The Coaching Habit: Say Less, Ask More & Change the Way You Lead Forever* (Toronto: Box of Crayons Press, 2016)。书中列举了 7 个可以改变培训体验的具体问题。

第 2 章　是什么阻止了我们提问

1. Mark Lasswell, "True Colors: Tim Rollins's Odd Life with the Kids of Survival," *New York magazine*, July 29, 1991.
2. Edwin Susskind, "The Role of Question-Asking in the Elementary School Classroom." In The *Psycho-Educational Clinic*, eds. F. Kaplan and S. B. Sarason (New Haven, CT: Yale University Press, 1969).
3. G. L. Fahey, "The Extent of Classroom Questioning Activity of High School Pupils and the Relation of Such Activity to Other Factors of Pedagogical Significance," *Journal of Educational Psychology* 33, no. 2 (1942): 128–37. Available at http://psycnet.apa.org/doiLanding?doi=10.1037%2Fh0057107. 关于儿童提问，特别是在课堂上提问的早期文献，参见：George L. Fahey, "The Questioning Activity of Children," *Journal of Genetic Psychology*, 60 (1942), 337–57。
4. William Floyd, "An Analysis of the Oral Questioning Activity in Selected Colorado Primary Classrooms," (unpublished doctoral thesis, Colorado State College, 1960), 6–8.
5. James T. Dillon, "Questioning in Education," a chapter essay in Questions and Questioning, ed. Michael Meyer (New York: Walter de Gruyter, 1988).
6. Max Wertheimer, *Productive Thinking*, Enlarged edition, ed. Michael Wertheimer (London: Tavistock, 1961), 214. Emphasis mine.
7. Philip H. Scott, "Teacher Talk and Meaning Making in Science Classrooms: A Vygotskian Analysis and Review," *Studies in Science Education* 32 (1998): 45–80.
8. A. Scott Berg, Goldwyn: *A Biography* (New York: Knopf, 1989), 376.
9. Douglas N. Walton, "Question-Asking Fallacies," a chapter essay (10) in *Questions and Questioning*, ed. Michel Meyer (New York: Walter de

Gruyter, 1988), 209.

10. Liz Ryan, "What to Do When Your Manager is a Spineless Wimp," *Forbes*, June 22, 2017. Available at https://www.forbes.com/sites/lizryan/2017/06/22/what-to-do-when-your-manager-is-a-spineless-wimp/#5b a86d673be9.

11. Stacey Lastoe, "The Worst Boss I Ever Had," *Muse*. Available at https://www.themuse.com/advice/the-worst-boss-i-ever-had-11-true-stories-thatll-make-you-cringe.

12. Barbara Kellerman, *Bad Leadership: What It Is, How It Happens, Why It Matters* (Boston: Harvard Business School Press, 2004), 22.

13. Damon Darlin and Matt Richtel, "Chairwoman Leaves Hewlett in Spying Furor," *New York Times*, September 23, 2006.

14. Maureen Porter and Sally MacIntyre, "What Is, Must Be Best: A Research Note on Conservative or Deferential Responses to Antenatal Care Provision," *Social Science & Medicine* 19 (1984), 1197–1200; William Samuelson and Richard Zeckhauser, "Status Quo Bias in Decision Making," *Journal of Risk and Uncertainty* 1 (1988), 7–59; M. Roca, R. Hogarth, and A. John Maule, "Ambiguity Seeking as a Result of the Status Quo Bias," Department of Economics and Business, Universitat Pompeu Fabra, Economics Working Paper 882 (2005); K. Burmeister and C. Schade, "Are Entrepreneurs' Decisions More Biased? An Experimental Investigation of the Susceptibility to Status Quo Bias," Institute of Entrepreneurial Studies and Innovation Management, Humboldt University-Berlin Working Paper (2006).

15. 引文来自：Carol Dweck Revisits the 'Growth Mindset,' *Education Week*, September 23, 2015。更多内容参见：Carol Dweck, *Mindset: The New Psychology of Success* (New York: Random House, 2006)。

16. Vijay Anand, "Cheat Sheet to Create a Culture of Innovation," Intuit Labs (blog), posted May 2, 2014. Available at https://medium.com/intuit-labs/cheat-sheet-to-create-a-culture-of-innovation-539d53455b53.

17. Christina Pazzanese, "'I Had this Extraordinary Sense of Liberation': Nitin Nohria's Exhilarating Journey," *Harvard Gazette*, April 29, 2015. Available at https://news.harvard.edu/gazette/story/2015/04/i-had-this-extraordinary-sense-

of-liberation/.

18. "TK" [anonymous contributor], "Culturalism, Gladwell, and Airplane Crashes," Ask a Korean! (blog), posted July 11, 2013. Available at http://askakorean.blogspot.com/2013/07/culturalism-gladwell-and-airplane.html.
19. Geert Hofstede, "Dimensionalizing Cultures: The Hofstede Model in Context," *Online Readings in Psychology and Culture* 2, no. 1 (January 2011): 10. Available at https://doi.org/10.9707/2307–0919.1014. 霍夫斯泰德及其同事研究的6个差异维度为：权力距离、不确定性回避、个体主义与集体主义、男性特征与女性特征、长期目标与短期目标以及放纵与克制。
20. Parker J. Palmer, *Let Your Life Speak: Listening for the Voice of Vocation* (New York: Jossey-Bass, 2000).
21. Neil Postman and Charles Weingartner, *Teaching as a Subversive Activity* (New York: Delacorte Press, 1969), 12.

第3章 "问题风暴"的效果如何

1. 对一出生就被分开的同卵双胞胎的研究也证明了这一结论。根据对他们成年后的创新技能和影响力的评估，似乎只有1/3的人的提问能力是"与生俱来"的，而剩下2/3的人的提问能力都是"后天造就"的。家庭、学校和工作中的环境因素影响颇大。更多信息参见：Marvin Reznikoff, George Domino, Carolyn Bridges, and Merton Honeyman, "Creative Abilities in Identical and Fraternal Twins," *Behavior Genetics* 3, no. 4 (1973): 365–77。这一研究考察了117对同卵双胞胎和异卵双胞胎的创新能力，结果表明遗传基因在创新测试中有大约30%的影响，而在智商测试中则有超过80%的影响。其他关于同卵双胞胎的创新能力的研究也证实了这一发现，即在创新能力方面，后天作用大于先天作用。See K. McCartney and M. Harris, "Growing Up and Growing Apart: A Developmental Meta-Analysis of Twin Studies," *Psychological Bulletin* 107, no. 2 (1990): 226–37; F. Barron, *Artists in the Making* (New York: Seminar Press, 1972); S. G. Vandenberg, ed., *Progress in Human Behavior Genetics* (Baltimore: Johns Hopkins University Press, 1968); R. C. Nichols, "Twin Studies of Ability, Personality

and Interest," *Homo* 29 (1978): 158–73; N. G. Waller, T. J. Bouchard, D. T. Lykken, A. Tellegen, and D. Blacker, "Creativity, Heritability, and Familiality: Which Word Does Not Belong?" *Psychological Inquiry* 4 (1993): 235–37; N. G. Waller, T. J. Bouchard Jr., D. T. Lykken, A. Tellegen, and D. Blacker, "Why Creativity Does Not Run in Families: A Study of Twins Reared Apart," unpublished manuscript, 1992. 关于这一领域研究的总结，参见：R. K. Sawyer, *Explaining Creativity: The Science of Human Innovation*, 2nd ed. (New York: Oxford University Press, 2012)。

2. James T. Dillon, *Questioning and Teaching: A Manual of Practice* (London: Croom, 1987).

3. 详情参见：Ed Catmull, *Creativity, Inc.: Overcoming the Unseen Forces That Stand in the Way of True Inspiration* (New York: Random House, 2014)。

4. Frank Furedi, "Campuses Are Breaking Apart into 'Safe Spaces,'" *Los Angeles Times*, January 5, 2017. Available at http://www.latimes.com/opinion/op-ed/la-oe-furedi-safe-space-20170105-story.html.

5. Amy Edmondson, "Psychological Safety and Learning Behavior in Work Teams," *Administrative Science Quarterly* 44, no. 2 (June 1999): 350–83. Available at https://doi.org/10.2307/2666999.

6. Andy Goldstein, "Oral History: C. Chapin Cutler, Conducted for the Center for the History of Electrical Engineering, May 21, 1993," Interview #160, Institute of Electrical and Electronics Engineers, Inc. Available at http://ethw.org/Oral-History:C._Chapin_Cutler.

7. Charles Duhigg, "What Google Learned from Its Quest to Build the Perfect Team," *New York Times Magazine*, February 25, 2016. Available at https://www.nytimes.com/2016/02/28/magazine/what-google-learned-from-its-quest-to-build-the-perfect-team.html.

第 4 章　谁会为错误欢呼雀跃

1. Steve Morgan, "Cybersecurity Ventures Predicts Cybercrime Damages Will Cost the World $6 Trillion Annually by 2021," Cybersecurity Ventures,

October 16, 2017. Available at https://cybersecurityventures .com/ hackerpocalypse-cybercrime-report-2016/.

2. Meghan Rosen, "Ancient Armored Fish Revises Early History of Jaws," *ScienceNews*, October 20, 2016. Available at https://www.sciencenews.org/article/ancient-armored-fish-revises-early-history-jaws.

3. Anita L. Tucker and Amy C. Edmondson, "Why Hospitals Don't Learn from Failures: Organizational and Psychological Dynamics That Inhibit System Change," *California Management Review* 45, no. 2 (Winter 2003): 68.

4. 亚马逊公司的"第一天"意味着什么？杰夫·贝佐斯在1997年给股东的信中回答了这一问题："保持公司创立第一天的状态，需要大家耐心尝试、接受失败、播撒种子、保护幼苗，如果客户表示满意，我们要加倍努力。以客户为导向的文化最能创造使客户满意的条件。"

5. 如果你在苦苦寻求答案，请看 *What If?: Serious Scientific Answers to Absurd Hypothetical Questions* 一书作者兰德尔·芒罗（Randall Munroe）在网上的精彩回答。

6. Michelene T. H. Chi, "Three Types of Conceptual Change: Belief Revision, Mental Model Transformation, and Categorical Shift," chapter 3 in Stella Vosniadou, ed., *International Handbook of Research on Conceptual Change* (New York: Routledge, 2008), 67.

7. Ibid., 78.

8. Tim Harford, "How Being Wrong Can Help Us Get It Right," *Financial Times*, February 8, 2017. Available at https://www.ft.com/content /8cac0950-ecfc-11e6–930f-061b01e23655.

9. 参见此书：Eli Pariser, *The Filter Bubble: What the Internet Is Hiding from You* (New York: Penguin, 2011)。

10. Chuck Klosterman, *Chuck Klosterman X: A Highly Specific, Defiantly Incomplete History of the Early 21st Century* (New York: Penguin, 2017).

11. Chuck Klosterman, *But What If We're Wrong?: Thinking About the Present As If It Were the Past* (New York: Penguin, 2016).

12. Roger L. Martin, "My Eureka Moment with Strategy," *Harvard Business Review*, May 3, 2010.

13. 劳伦斯·克劳斯访谈稿：Krista Tippett, "Our Origins and the Weight of Space," April 11, 2013。Available at https://onbeing .org/programs/lawrence-krauss-our-origins-and-the-weight-of-space/.

第 5 章　为什么要自寻不快

1. Hal Gregersen, "Bursting the CEO Bubble," *Harvard Business Review*, March–April 2017. Available at https://hbr.org/2017/03/bursting-the-ceo-bubble.
2. Nicole M. Hill and Walter Schneider, "Brain Changes in the Development of Expertise: Neuroanatomical and Neurophysiological Evidence About Skill-Based Adaptations," in K. Anders Ericsson, Neil Charness, Paul J. Feltovich, Robert R. Hoffman, eds., *The Cambridge Handbook of Expertise and Expert Performance* (New York: Cambridge, 2006), 653–82.
3. Journal Report, "How Entrepreneurs Come Up with Great Ideas," *Wall Street Journal*, April 29, 2013. Available at https://www.wsj.com/articles/SB10001424127887324445904578283792526004684.
4. Ioan James, "Henri Poincaré (1854–1912)," in *Remarkable Mathematicians: From Euler to von Neumann* (Cambridge, UK: Cambridge University Press, 2002), 239–40. 阿瑟·库斯勒在 *The Act of Creation* (London: Hutchinson, 1964) 一书中也提到了庞加莱这一经常在工作间隙灵光闪现的特点。
5. Jackson G. Lu, Modupe Akinola, and Malia F. Mason, "'Switching On' Creativity: Task Switching Can Increase Creativity by Reducing Cognitive Fixation," *Organizational Behavior and Human Decision Processes* 139 (2017): 63–75.
6. Meryl Reis Louis, "Surprise and Sense Making: What Newcomers Experience in Entering Unfamiliar Organizational Settings," *Administrative Science Quarterly* 25, no. 2 (June 1980): 226–51.
7. Mason Carpenter, Gerard Sanders, and Hal Gregersen, "Bundling Human Capital with Organizational Context: The Impact of International Assignment Experience on Multinational Firm Performance and CEO Pay," *Academy of*

Management Journal 44, no. 3 (2001): 493–512; Mason Carpenter, Gerard Sanders, and Hal Gregersen, "International Assignment Experience at the Top Can Make a Bottom-line Difference," *Human Resource Management Journal* 39 (2000): 277–85.

8. L. Stroh, M. Mendenhall, J. S. Black, and Hal Gregersen, *International Assignments: An Integration of Strategy, Research & Practice* (Mahwah, NJ: Lawrence Erlbaum, 2005); J. S. Black, H. B. Gregersen, and M. Mendenhall, *Global Assignments: Successfully Expatriating and Repatriating International Managers* (San Francisco: Jossey-Bass, 1992).
9. Diane Haithman, "Cirque Noir," *Los Angeles Times*, December 26, 2004. Available at http://articles.latimes.com/2004/dec/26/entertainment/calepage26.
10. Richard Heller, "Folk Fortune," *Forbes*, September 4, 2000. Available at https://www.forbes.com/forbes/2000/0904/6606066a.html#647f9396a9fb.
11. Gary Erickson, *Raising the Bar: Integrity and Passion in Life and Business; The Story of Clif Bar & Co.* (New York: Jossey-Bass, 2004).

第 6 章 你能否缄口不言

1. Linda Cureton, "If I Want Your Opinion, I Will Give It to You," *Jobber Tech Talk*, October 20, 2015. Available at http://www.jobbertechtalk.com/if-i-want-your-opinion-i-will-give-it-to-you-by-linda-cureton/.
2. Maggie De Pree, "Pitch Lessons from a Cubicle Warrior," Business Fights Poverty (blog), October 28, 2013. Available at http://businessfightspoverty.org/articles/pitch-lessons-from-a-cubicle-warrior/.
3. Clayton Christensen, Taddy Hall, Karen Dillon, and David Duncan, *Competing Against Luck: The Story of Innovation and Customer Choice* (New York: HarperBusiness, 2016), 182.
4. Ellen J. Langer, *Mindfulness* (New York: Addison-Wesley, 1989).
5. Henry Mintzberg, *The Nature of Managerial Work* (New York: Harper & Row, 1973).

6. Oriana Bandiera, Stephen Hansen, Andrea Prat, and Raffaella Sadun, "CEO Behavior and Firm Performance," *Harvard Business School Working Paper 17-083* (2017). Available at http://www.hbs.edu/faculty/Publication%20Files/17-083_b62a7d71-a579-49b7-81bd-d9a1f6b46524.pdf.

7. See Susan Cain, *Quiet: The Power of Introverts in a World That Can't Stop Talking* (New York: Crown, 2012).

8. 我和萨姆·埃布尔在麻省理工学院斯隆管理学院主持过一次为期两天的摄影工作室，活动中我对此深有体会。在这次名为"领导力与镜头：重塑问题，释放洞察力与影响力"的活动中，安静等待是参与者最难学会的技能，千真万确。详情参见：https://executive.mit.edu/openenrollment/program/innovation-and-images-exploring-the-intersections-of-leadership-and-photography/#.Wy0FgVVKjIU。

9. 照片拍摄于耶路撒冷、巴黎和波士顿，它们都产生于"安静等待"的时刻。这些场景让我着迷，因此我静下心来等待了大概20分钟，期待惊喜出现。在麻省理工学院我们的工作坊（与圣达菲摄影工作室合作）"领导力与镜头：重塑问题，释放洞察力与影响力"中，我和萨姆·埃布尔经常发现"等待"是领导者最难学会的一课。生活不会为我们分配"等待时间"。相反，这是人们有意识的选择，对打磨照片和催化性问题来说至关重要。

第7章　如何引导能量

1. Danielle Sacks, "Patagonia CEO Rose Marcario Fights the Fights Worth Fighting," *Fast Company*, January 6, 2015. Available at https://www.fastcompany.com/3039739/patagonia-ceo-rose-marcario-fights-the-fights-worth-fighting.

2. Lisa Jardine, *Ingenious Pursuits: Building the Scientific Revolution* (New York: Nan A. Talese, 1999), 7.

3. Yvon Chouinard, *Let My People Go Surfing: The Education of a Reluctant Businessman* (New York: Penguin, 2005).

4. 设计思维已成为创业公司、大企业和非营利组织中的创新者使用的主流方法。想要快速了解设计思维的基本方法，请参阅：Tim Brown, "Design Thinking," *Harvard Business Review*, June 2008。作为设计公司 IDEO 的首席执行官兼总裁，布朗在公司也大力倡导这一方法。
5. 净推荐值是一种简单的衡量标准，通过调查得出关于商品或服务的购买者向他人推荐该商品或服务的可能性的数据。提出该概念的咨询师的解释参见：Fred Reichheld, "The One Number You Need to Grow," *Harvard Business Review*, December 2003。
6. C. E. Shalley, J. Zhou, and G. R. Oldham, "The Effects of Personal and Contextual Characteristics on Creativity: Where Should We Go from Here?" *Journal of Management* 30 (2004): 933–58.
7. A. M. Isen, "On the Relationship Between Affect and Creative Problem Solving," in S. Russ, ed., *Affect, Creative Experience and Psychological Adjustment* (Philadelphia: Brunner/Mazel, 1999), 3–17.
8. Valeria Biasi, Paolo Bonaiuto, and James M. Levin, "Relation Between Stress Conditions, Uncertainty and Incongruity Intolerance, Rigidity and Mental Health: Experimental Demonstrations," *Health* 7, no. 1 (January 14, 2015): 71–84.
9. Jose-Maria Fernandez, Roger M. Stein, and Andrew W. Lo, "Commercializing Biomedical Research Through Securitization Techniques," *Nature Biotechnology* 30 (2012): 964–75. Available at doi:10.1038/nbt.2374.
10. Teresa Amabile and Steven Kramer, *The Progress Principle: Using Small Wins to Ignite Joy, Engagement, and Creativity at Work* (Boston: Harvard Business Review Press, 2011).
11. Robert I. Sutton and Huggy Rao, *Scaling Up Excellence: Getting to More Without Settling for Less* (New York: Crown Business, 2014).
12. Judith Samuelson, "Larry Fink's Letter to CEOs Is About More Than 'Social Initiatives,'" *Quartz@Work*, January 18, 2018. Available at https://work.qz.com/1182544/larry-finks-letter-to-ceos-is-about-more-than-social-initiatives/.
13. Ray Dalio, *Principles: Life and Work* (New York: Simon & Schuster, 2017), 415.

14. Paul J. Zak, "Why Your Brain Loves Good Storytelling," *Harvard Business Review*, October 28, 2014.
15. 对于想要了解莫·威廉斯及其作品魅力的读者，我推荐：Rivka Galchen, "Mo Willems's Funny Failures," *New Yorker*, February 6, 2017。Available at https://www.newyorker.com/magazine/2017/02/06/mo-willems-funny-failures.
16. Chris Anderson, *TED Talks: The Official TED Guide to Public Speaking* (New York: Houghton Mifflin Harcourt, 2016), 64.

第 8 章　如何培养下一代提问者

1. 这一引言出自他的朋友唐纳德·谢夫（Donald Sheff）给《纽约时报》的编辑的一封信："Izzy, Did You Ask a Good Question Today?," January 19, 1988。Available at http://www.nytimes.com/1988/01/19/opinion/l-izzy-did-you-ask-a-good-question-today-712388.html.
2. Dan Rothstein and Luz Santana, *Make Just One Change: Teach Students to Ask Their Own Questions* (Cambridge, MA: Harvard Education Press, 2011).
3. 例如，玛丽莉·亚当斯（Marilee Adams）在 *Teaching That Changes Lives: 12 Mindset Tools for Igniting the Love of Learning* (San Francisco: Berrett-Koehler, 2013) 一书中对教师也提出了类似建议。
4. 加利福尼亚大学河滨分校的詹姆斯·狄龙研究了这一现象。例如他的论文："Questioning in Education," in Michel Meyer, ed., *Questions and Questioning* (Berlin: Walter de Gruyter, 1988), 98–118。
5. 这一实验的详情参见：Dale Russakoff, *The Prize: Who's in Charge of America's Schools?* (New York: Houghton Mifflin Harcourt, 2015)。
6. Mary Budd Rowe, "Wait-Time and Rewards as Instructional Variables, Their Influence on Language, Logic, and Fate Control: Part One—WaitTime," *Journal of Research in Science Teaching* 11, no. 2 (June 1974): 81–94. Available at https://doi.org/10.1002/tea.3660110202.
7. Karron G. Lewis, "Developing Questioning Skills," in *Teachers and Students—Sourcebook* (Austin: Center for Teaching Effectiveness, the University of Texas at Austin, 2002). Available at http://www.ecapteach.com/

survival%20traiining/lesson_07/questioning.pdf.
8. Sophie von Stumm, Benedikt Hell, and Tomas Chamorro-Premuzic, "The Hungry Mind: Intellectual Curiosity Is the Third Pillar of Academic Performance," *Perspectives on Psychological Science* 6, no. 6 (2011): 574–88. Available at https://www.researchgate.net/publication/234218535_The_ Hungry_Mind_—_Intellectual_Curiosity_Is_the_Third_Pillar_of _Academic_ Performance. 亦见：B. G. Charlton, "Why Are Modern Scientists So Dull?: How Science Selects for Perseverance and Sociability at the Expense of Intelligence and Creativity," *Medical Hypotheses* 72 (2009), 237–43。
9. Christopher Uhl and Dana L. Stuchul, *Teaching as if Life Matters: The Promise of a New Education Culture* (Baltimore: Johns Hopkins University Press, 2011), 75.
10. Angeline Stoll Lillard, *Montessori: The Science Behind the Genius* (Oxford, UK: Oxford University Press, 2007), 129.
11. Greg Windle, "Workshop School Wins National Innovation Grant," *Philadelphia Public School Notebook*, March 7, 2016. Available at http://thenotebook.org/latest0/2016/03/07/art-of-teaching-learning-workshop-school.
12. 萨尔蒂对青年失业以及培养企业家精神的价值的更多思考，参见阿曼达·派克（Amanda Pike）对她的深度采访。Available at http://www.pbs.org/frontlineworld/stories/egypt804/interview/extended.html.
13. 关于萨尔蒂对他人持续的影响力，青年成就组织前任总裁兼首席执行官肖恩·拉什（Sean Rush）与我的看法不谋而合。他最近表示："苏拉娅不仅是一位亲密朋友兼同事，她还激励年轻人、激励我质疑自己的组织和周围世界的现状。作为一名中东女性，她质疑、挑战、激励无数年轻人，帮助他们实现超越传统意义的成功。苏拉娅所在的青年成就组织欣欣向荣，继续改变着中东青年对未来的态度。无论是过去还是现在，她都是这一动荡地区的希望灯塔。"
14. Dhirendra Kumar, "The Art of Questioning," *Value Research*, April 5, 2017. Available at https://www.valueresearchonline.com/story/h2_storyview.asp?str=30352&&utm_medium=vro.in.
15. Tony Wagner, *Creating Innovators: The Making of Young People Who Will*

Change the World (New York: Scribner, 2012).

16. 顺便提一下，贝佐斯在创立亚马逊公司的时候还买下了 relentless.com。这也许表明他与这个词产生了非常大的共鸣，并相信它将会成为对自己有用的网址。

17. David McCullough, *The Wright Brothers* (New York: Simon & Schuster, 2015), 18.

18. Ken Bain, *What the Best College Students Do* (Cambridge, MA: Harvard University Press, 2012), 159.

19. Owen Fiss, *Pillars of Justice* (Cambridge, MA: Harvard University Press, 2017).

20. See J. Bonner Ritchie and S. C. Hammond, "We (Still) Need a World of Scholar-Leaders: 25 Years of Reframing Education," *Journal of Management Inquiry* 14 (2005), 6–12.

21. 约翰·亨特访谈：*Lürzer's Archive*, issue 3 (2010)。Available at https://www.luerzersarchive.com/en/magazine/interview/john-hunt-126.html.

22. Antoine de Saint-Exupéry, *The Little Prince* (New York: Harcourt, Brace & World, 1943).

23. 如果你赞同每天用4分钟时间专注于提问，并且需要志同道合者的鼓励，请加入我们：https://4-24project.org/。

第9章　聚焦最宏大的问题

1. 人们在引用这句话的时候，通常会加上它具有嘲讽意味的后一句话："跳蚤是永远也无法成为一部伟大且能流传久远的巨著的题材的，虽然已经有许多人尝试过了。"但是我更喜欢它充满斗志的前一句话："这就是一个宏大而自由的题材的特点！我们要把它拓展得很伟大。" Herman Melville, *Moby-Dick, or the White Whale* (Boston: St. Botolph Society, 1892), 428.

2. Andrew Solomon "The Middle of Things: Advice for Young Writers," *New Yorker*, March 11, 2015. Available at https://www.newyorker.com/books/page-turner/the-middle-of-things-advice-for-young-writers.

3. 更多关于 X 大奖的故事，参见：Michael Belfiore, Rocketeers: *How a Visionary Band of Business Leaders, Engineers, and Pilots Is Boldly Privatizing Space* (Washington, DC: Smithsonian, 2007); Julian Guthrie, *How to Make a Spaceship: A Band of Renegades, an Epic Race, and the Birth of Private Spaceflight* (New York: Penguin, 2016)。
4. Oprah Winfrey, "What Oprah Knows for Sure About Life's Big Questions," Oprah.com, December 12, 2017. Available at http://www.oprah.com/inspiration/what-oprah-knows-for-sure-about-lifes-big-questions#ixzz5ILDBCed5.
5. Gary Zukav, *The Seat of the Soul: 25th Anniversary Edition* (New York: Simon & Schuster, 2014), xiv.

后　记　你会给自己提出什么问题

1. Robert Fulghum, *What on Earth Have I Done?: Stories, Observations, and Affirmations* (New York: St. Martin's Press, 2007), 290–91.
2. 对于在出生时自动获得社会安全号码或类似号码的西方人来说，身份证并不稀缺，甚至有人会因为担心身份数据库被滥用而对身份证心存疑虑。但是，对于那些因缺乏官方身份而失去机会或无法被援助的人来说，身份证确实会改变他们的生活。